Über die Autorin:
Louise Booth ist die Mutter des autistischen Jungen Fraser, dessen Geschichte in diesem Memoir thematisiert wird. Da ihr Ehemann als Elektriker auf Balmoral Estate (die Sommerresidenz der englischen Königin) arbeitet, lebt die Familie in einem Cottage auf dem Gelände des königlichen Schlosses.

Louise Booth

Und dann kam Billy

Die Geschichte einer
wunderbaren Freundschaft

Aus dem Englischen
von Silvia Kinkel

KNAUR

Die Originalausgabe erschien 2014 unter dem Titel
When Fraser Met Billy bei Hodder & Stoughton, London.

Besuchen Sie uns im Internet:
www.knaur.de

FSC
www.fsc.org
MIX
Papier aus ver-
antwortungsvollen
Quellen
FSC® C083411

Vollständige Taschenbuchausgabe März 2017
Knaur Taschenbuch
© 2014 Hodder & Stoughton
© 2014 der deutschsprachigen Ausgabe Knaur Verlag
Ein Imprint der Verlagsgruppe
Droemer Knaur GmbH & Co. KG, München
Alle Rechte vorbehalten. Das Werk darf – auch teilweise –
nur mit Genehmigung des Verlags wiedergegeben werden.
Redaktion: lüra – Klemt & Mues GbR, Wuppertal
Covergestaltung: ZERO Werbeagentur, München
Coverabbildung: Bruce Adams/Daily Mail/SOLO Syndication
Alle Fotos im Innenteil: Privatarchiv Louise Booth außer S. 5, 6 oben,
8 Bruce Adams/Daily Mail/SOLO Syndication; Illustrationen
Silhouette und Katzenpfoten: Shutterstock/Olga Milagros
Layout und Satz: Sandra Hacke
Druck und Bindung: CPI books GmbH, Leck
ISBN 978-3-426-78848-6

2   4   5   3   1

Für Chris ... mein Ein und Alles
Für Fraser und Pippa ... meine zwei Sterne

*Ich weiß, irgendwo geht es jemandem so wie mir vor
fünf Jahren, jemand kämpft mit derselben Verzweiflung
und Isolation wie ich nach der Geburt von Fraser
im März 2008. Für denjenigen habe ich dieses Buch
geschrieben. Ich möchte ihm helfen zu erkennen, dass
es Hoffnung gibt am Ende des manchmal unendlich
lang und dunkel erscheinenden Tunnels.
Sie schaffen es dorthin – versprochen.*

Inhalt

Kapitel 1

Billy und Bear

Es war ein strahlender früher Sommerabend im Jahr 2011. Wir fuhren am River Dee entlang durch die Highlands, und die Landschaft wirkte wie ein Postkartenbild. In der Ferne war der höchste Gipfel dieser Gegend, der Lochnagar, in goldenes Abendrot getaucht, während um uns die untergehende Sonne auf dem dunklen Wasser des Flusses einen überwältigenden Farbentanz vollführte.

Hier und da sahen wir Angler, knietief im Wasser stehend warfen sie geduldig ihre Leinen aus, auf der Jagd nach Meerforellen und Lachsen, die gerade Saison hatten. Damals war es mir nicht bewusst, aber wenn ich zurückblicke, wird mir klar, dass auch ich mich auf einer Art Angelausflug befand. Wie heißt noch das alte Sprichwort? Man muss eine Fliege opfern, um eine Forelle zu fangen.

Mein Mann Chris saß am Steuer, und unsere beiden Kinder waren auf dem Rücksitz. Unsere Tochter Pippa war erst gut sechs Monate alt und schlief in ihrer Babyschale tief und fest. Es war unser dreijähriger Sohn Fraser, über den wir uns, wie immer, Gedanken machten. Er saß ganz still, sagte kaum etwas, sondern starrte hoch konzentriert auf zwei kleine Fotos, die er mitgenommen hatte. Wir wussten nicht, womit wir an diesem Abend bei ihm rechnen mussten. Aber bei Fraser wussten wir das nie.

Knapp zwei Jahre zuvor hatten die Ärzte bei ihm Autismus diagnostiziert. Das war im August 2009, und Fraser war gerade einmal 18 Monate alt. Wie vielen Jungen mit Autismus fiel es auch ihm schwer, sich mitzuteilen, und er zog sich oft in seine eigene Welt zurück. Andererseits war er zu heftigen Gefühlsausbrüchen fähig, zumeist wegen für uns unbedeutender Kleinigkeiten. Darüber hinaus litt er unter Muskelhypotonie, einer seltenen Muskelschwäche. Seine Bewegungen wirkten deshalb unkoordiniert und schlaff. Selbst einfache Aufgaben, wie etwas mit den Händen zu greifen, fielen ihm schwer. Für ihn war es eine Herausforderung, zu stehen oder gar zu laufen. Tatsächlich war er erst im letzten Jahr mobiler geworden, vor allem dank der stützenden Schienen an Unterschenkeln und Knöcheln.

Seit anderthalb Jahren wurde Fraser von einem kleinen Expertenteam behandelt, einschließlich eines Logopäden und eines Verhaltenstherapeuten. Man hatte uns unmissverständlich mitgeteilt, dass er nie eine normale Schule würde besuchen können. Zum Glück wurde er zweimal wöchentlich in einer privaten Kindertagesstätte betreut – das war vor allem für mich eine große Erleichterung. Die weniger gute Nachricht war, dass seine Gefühlslage und sein Verhalten weiterhin völlig unberechenbar und schwankend blieben. Fraser ist ein reizender, liebevoller Junge, mit einer Persönlichkeit, die jeden dahinschmelzen lässt. Aber ich müsste lügen, wenn ich behaupten würde, dass unser Leben mit ihm ein Zuckerschlecken ist. Wir hatten harte Zeiten hinter uns. Wir wussten nie, womit wir bei ihm rechnen mussten oder was wir tun sollten, vor allem wenn wir so wie an jenem Abend seinen normalen Tagesablauf änderten. Wir konnten nur unseren Instinkten folgen. Und genau deshalb fuhren Chris und ich damals durch Dee Valley in Richtung des Städtchens Aboyne, um uns mit der örtlichen Leiterin des Katzenschutzvereins *Cats Protection* zu treffen.

Schon seit meiner Kindheit liebe ich Tiere. Als kleines Mädchen spielte ich mit Kaninchen, Hunden, Katzen und Pferden – ganz gleich, Hauptsache ein Tier. Nun blickte ich neidisch auf die Anlagen des beeindruckenden Royal-Deeside-Guts. Ich wusste, dass man dort reiten konnte. Wie gern hatte ich das früher getan, und seit ich Vollzeitmutter war, vermisste ich es schrecklich.

Zu dieser Zeit war das einzige Haustier unserer Familie ein grau getigerter Kater, behäbig und in die Jahre gekommen. Er hörte auf den Namen Toby und lebte schon über zehn Jahre bei uns, viel länger, als Fraser und Pippa auf der Welt waren. Es war der gute alte Toby gewesen, der mich auf die Idee zu dieser Reise ins Unbekannte gebracht hatte.

Toby gehörte sprichwörtlich zum Inventar. Die meiste Zeit des Tages lag er scheinbar leblos irgendwo im Haus herum und konzentrierte sich ansonsten auf die einzigen beiden Interessen in seinem Leben: essen und schlafen.

Bisher hatte sich Fraser in seinem jungen Leben wenig mit seiner Umgebung oder Toby beschäftigt. Dafür war er schier besessen von allem, was Räder hatte oder sich drehte. Er konnte stundenlang vor einer laufenden Waschmaschine sitzen, mit einem alten DVD-Player spielen oder die Räder seines auf den Kopf gestellten Buggys oder eines Spielzeugautos drehen. Aber darüber hinaus schien ihn nichts zu interessieren. Vor kurzem war mir jedoch aufgefallen, dass ihn Toby plötzlich faszinierte. Während der Kater döste, legte er sich neben ihn, streichelte ihn und versuchte, mit ihm zu kommunizieren.

Toby erwiderte dieses Interesse nicht. Eine Zeitlang duldete er das Eindringen in seinen Bereich, wurde jedoch immer misstrauischer gegenüber Fraser, vor allem wenn dieser aufgebracht war. Ein paarmal hatte Fraser wegen minimaler Veränderungen in unserer Alltagsroutine angefangen, so laut zu schreien, dass Toby fluchtartig nach oben verschwunden war. Seither fürchtete er sich vor Fraser und machte einen weiten Bogen um ihn. Manchmal flitzte er davon, wenn er Fraser nur näher kommen sah.

All das überraschte mich nicht. Toby war kein Kater zum Spielen für ein kleines Kind, aber Frasers Verhalten hatte mich auf eine Idee gebracht.

Als Mutter eines autistischen Kindes wusste ich, dass ich nach jeder Chance, die sich mir bot, greifen musste. Und die waren dünn gesät, vor allem wenn man wie wir in einem abgelegenen Haus wohnte. Unser Haus gehörte zu Schloss Balmoral, der Sommerresidenz der englischen Königin, wo Chris arbeitete. Wir hatten keine unmittelbaren Nachbarn, und es dauerte lange, bis ich mit Fraser zu einer Krabbelgruppe gehen konnte, da er mit Umgebungen dieser Art nicht sonderlich gut zurechtkam. Sein Mangel an sozialen Fähigkeiten beunruhigte mich schon immer. Aber als ich Fraser zusammen mit Toby sah, fragte ich mich, ob nicht vielleicht ein anderes Haustier einen positiven Einfluss auf ihn würde ausüben können. Interaktion war Interaktion, auch wenn diese mit einer Katze und nicht mit einem Menschen stattfand.

»Vielleicht würde es ihm gefallen, einen kleinen Freund zu haben. Möglicherweise kommt er dann ein bisschen mehr aus sich heraus«, sagte ich eines Abends beim Essen zu Chris. »Lass uns eine kleine Katze für ihn suchen, mit der er sich anfreunden kann.«

Wir hatten mit Fraser schon so viel durchgemacht, dass Chris, ein logisch denkender und bodenständiger Mensch, sofort den Haken an meiner Idee erkannte.

»Bist du dir sicher?«, fragte er. »Würde sich eine Katze nicht vor Fraser fürchten, so wie Toby?«

»Was haben wir zu verlieren?«, erwiderte ich. »Wenn wir eine Katze aus dem Tierheim oder von einer Hilfsorganisation holen, können wir denen unsere Situation schildern. Und falls es nicht funktioniert, nehmen sie die Katze bestimmt wieder zurück.«

»Kann sein«, antwortete Chris, aber ich sah ihm an, dass er nicht überzeugt war.

Am folgenden Tag schickte ich eine E-Mail an die Organisation *Cats Protection*. Ich erklärte, dass Fraser mit Autismus und Muskelschwäche lebt, wodurch er in seiner Bewegungsfähigkeit eingeschränkt ist, und dass wir nach einem »besonderen« Haustier suchten, das sein Freund werden könne. So habe ich es wirklich genannt, einen »besonderen« Freund. Meine Erwartungen, dass es ein solches Wesen tatsächlich gab, waren nicht sehr hoch.

Zuerst bekam ich keine Antwort. Ich fragte mich natürlich, ob mein Schreiben nicht sofort als Anfrage einer überdrehten Mutter, die einen »besonderen« Freund für ihren »besonderen« Jungen wollte, gelöscht worden war. Aber wie sich herausstellte, war meine E-Mail zunächst in der falschen Zweigstelle gelandet. Eines Morgens erhielt ich einen Anruf, bei dem mir geraten wurde, mich an die Deeside-Zweigstelle für Katzenschutz zu wenden, die zufälligerweise erst ein halbes Jahr zuvor eröffnet worden war.

Ich schickte also eine E-Mail dorthin und wurde sofort

von einer Dame namens Liz angerufen, die gerade einmal zwanzig Minuten Autofahrt von uns entfernt lebte, in der Nähe von Aboyne.

Ich merkte auf Anhieb, dass sie genau verstand, wonach ich suchte.

»Ich habe ein paar Katzen, die in Frage kämen. Aber mein Gefühl sagt mir jetzt schon, welche Sie nehmen werden«, sagte sie. »Ich schicke Ihnen ein Foto und ein paar Details.«

Kurz darauf erhielt ich eine E-Mail mit einem Foto von zwei identisch aussehenden Katzen. Beide waren grau, hatten einen Einschlag von Orientalisch Kurzhaar und weiße Zeichnungen im Gesicht und an den Bäuchen. Die beiden wirkten ziemlich jung und waren sehr dünn, beinahe dürr, was auch Sinn ergab, als ich die Zeilen las, die Liz beigefügt hatte.

Sie schrieb, dass die Katzen in einer Sozialwohnung in einer nahe gelegenen Stadt gefunden worden waren. Die Bewohner waren bei Nacht und Nebel verschwunden. Die Verwaltung hatte angeordnet, die Wohnung zusperren zu lassen, aber einer der Nachbarn sagte dem Hausmeister, dass dort Katzen lebten. Ein Glück für die Tiere – denn als der Hausmeister die Tür aufbrach, fand er vier abgemagerte Katzen, die sich von Müll ernährten. *Cats Protection* wurde angerufen und holte alle vier Katzen ab. Eine von ihnen, ein schwarzer Kater, fand schnell ein neues Zuhause, aber ein weiterer Kater und die Geschwister auf dem Foto, Bear und Billy, waren schwer zu vermitteln.

Auf den ersten Blick konnte ich nicht erkennen, warum Liz so fest davon überzeugt war, dass eine dieser Katzen die richtige für uns sein sollte. Aber ich vertraute ihr und war bereit, es zu versuchen. Ich fragte nach einem Termin, bei dem Fraser Billy und Bear kennenlernen könnte. Eine Woche später fuhren wir nach Aboyne.

Ich hatte auf die harte Tour lernen müssen, dass Fraser keine Überraschungen oder Veränderungen mochte, deshalb war mir klar, dass ich diesen Ausflug und die Ankunft eines neuen Bewohners in unserem Haus vorbereiten musste.

Eines Morgens beim Frühstück brachte ich die Dinge ins Rollen.

»Fraser, hättest du gern eine eigene Katze, mit der du spielen kannst?«, fragte ich.

Er sah mich aufmerksam an und nickte dann.

»Ja bitte, Mummy«, antwortete er.

Es hatte Zeiten gegeben, da war es eine Herausforderung, Fraser auch nur ein einziges Wort abzuringen, drei waren also eine echte Leistung. Ermutigt blieb ich dran.

Damit wir uns Fraser besser mitteilen konnten, hatten wir die Angewohnheit entwickelt, Bilder für ihn auszudrucken. Ich machte also sofort ein paar kleine Ausdrucke von Bear und Billy, so dass er seine potenziellen neuen Freunde sehen und sich einen von ihnen aussuchen konnte.

Wieder war seine Reaktion ermutigend. Er nahm die Bilder jeden Abend mit ins Bett und legte sie auf sein Nachtschränkchen. Stundenlang betrachtete er die Ausdrucke. Weiß der Himmel, welche Gedanken ihm durch den Kopf gingen, wenn er so dalag und über den Bildern dieser identischen Katzen brütete.

Ich jedenfalls fand, dass sie identisch aussahen, aber das Interessante daran war, dass Fraser sehr schnell die Unterschiede zwischen den beiden aufzeigen konnte. Für mich sahen sie so ähnlich aus, dass ich ihre Namen hinten auf die Bildrückseite schreiben musste, um sie auseinanderhalten zu können. Aber Fraser wusste, wer welche Katze war, und erklärte immer wieder, dass »das Billy ist und das Bear«. Autismus birgt so viele Eigenarten. Fraser konnte sich kaum ohne Hilfe auf den Beinen halten und nur mühsam mit anderen kommunizieren, aber er war in der Lage, die Unterschiede zwischen zwei Katzen zu erkennen, die sich wie Doppelgänger glichen.

Nachdem die erste Hürde genommen war, begann ich, ihn auf den Ausflug nach Aboyne vorzubereiten. Fremde Umgebungen setzten Fraser derartig unter Druck, dass er häufig regelrechte Panikanfälle bekam. Und selbst wenn er sich in einer neuen Umgebung wohl fühlte, fand er doch immer etwas, worauf er sich fixierte und dadurch das Leben schwierig gestaltete. Deshalb hatten wir, schon als Fraser noch ein Baby war, aufgehört, mit ihm Fremde zu besuchen. Die einzigen Menschen, zu denen wir ihn unbesorgt mitnehmen konnten, waren seine Großeltern – Chris' Mutter und ihr Lebenspartner, die an der Nordostküste Schottlands lebten, und meine Mum und mein Dad in Essex.

Nach einer Woche voller Vorbereitungen war ich zuversichtlich, dass Fraser verstand, was wir vorhatten. Wir würden zu diesen beiden Katzen fahren, und wenn ihm eine gefiel, durfte sie zu uns kommen. Als letzte Vorsichtsmaßnahme, um Katastrophen möglichst abzuwenden, hatten wir ihm gesagt, dass wir an einem Freitag fahren würden, da Chris dann normalerweise schon mittags Feierabend machte. Nachmittags war es am einfachsten, Fraser mit Veränderungen zu konfrontieren.

Am Ende brachen wir ein wenig später als geplant auf, und die Sonne versank bereits hinter den Bergen, als wir in der nahe gelegenen Stadt Ballater den Fluss Dee überquerten und nach Osten in Richtung Aboyne fuhren.

Während ich im Auto saß, rasten die Gedanken in meinem Kopf. Das war nicht ungewöhnlich. Manchmal fragte ich mich, ob ich mich in die neurotischste Mutter der Welt verwandelt hatte. Aber tatsächlich muss man sich als Mutter oder Vater eines autistischen Kindes ständig wegen irgendetwas Sorgen machen. An diesem Abend war die Liste der Sorgen so lang wie der Fluss Dee. Wenn Fraser Liz nun nicht mochte oder sich vor ihr fürchtete? Wenn ihm das Haus nicht gefiel? Wenn er sich über irgendein Geräusch in dem Haus aufregte? Wenn er die Katzen nicht mochte? Ich wusste nicht, ob die Katzen drinnen oder draußen gehalten wurden. Wie würde er auf eine Katze in einem Gehege reagieren? In seiner autistischen Gedankenwelt waren Katzen frei wie Toby und konnten herumtollen, wann und wo es ihnen gefiel. Wie wäre es für ihn, zu sehen, dass eine Katze in ihrem Freiraum eingeschränkt war? Und wenn er es gar nicht wissen wollte und sich weigerte, aus dem Wagen auszusteigen, was nicht nur möglich, sondern sogar wahrscheinlich war? Bei mehr als einer Gelegenheit waren wir irgendwohin gefahren, nur um dann zu erleben, dass Fraser anfing, mit den Armen um sich zu schlagen und zu schreien: »Nein, nein, nein!« Jedes Mal hatten wir umkehren und nach Hause zurückfahren müssen. Würde das wieder passieren? So viele Ängste und Sorgen wirbelten in meinem Kopf durcheinander, doch glücklicherweise lenkte mich die herrliche Landschaft der Highlands ein wenig ab.

Das letzte Glühen der untergehenden Sonne war schon hinter den Bergen verschwunden, als wir Liz' Haus erreichten. Sobald Chris anhielt, setzte sich Fraser in seinem Kindersitz auf und reckte den Hals, um zu sehen, wo wir waren.

»Wohnen hier die Katzen, Mummy?«, fragte er.

Ich sah Chris an und brauchte nichts zu sagen. Das war einer der längsten zusammenhängenden Sätze, die wir je von Fraser gehört hatten.

»Ja, Fraser«, versicherte ich ihm. Während Chris den Wagen parkte, beugte ich mich nach hinten, um nach Pippa zu sehen. Sie war in vielen Dingen das genaue Gegenteil ihres Bruders. Mit Fraser wegzufahren war stets eine Herausforderung, während es mit ihr ein Kinderspiel war, wie sie an diesem Nachmittag erneut bewiesen hatte. Sie schlief immer noch zufrieden, so dass wir entschieden, sie im Wagen zu lassen. Schließlich gingen Chris und ich davon aus, dass dieser Besuch sehr kurz ausfallen würde. Und da wir nahe des Hauses geparkt hatten, blieben wir sozusagen in Sichtweite.

Kaum hatten wir Fraser aus dem Wagen gehoben, da tauchte Liz im Türrahmen auf und winkte. In der vergangenen Woche hatten wir einander mehrfach E-Mails geschrieben, und es wurde sofort deutlich, dass sie gut auf Fraser vorbereitet war, denn sie ging geradewegs auf ihn zu.

»Hallo, du musst Fraser sein. Möchtest du mitkommen und dir die Katzen ansehen?«, fragte sie.

Ich hielt einen Moment lang den Atem an. In den meisten Fällen ließ sich Fraser nicht auf Menschen ein, denen er nie zuvor begegnet war. Wenn ihm eine Situation unbehaglich war oder er sich sorgte, weigerte er sich, Blickkontakt herzustellen, und begann irgendetwas zu tun, das ihn von jeglichem unerwünschten Eindringen in seine Welt ablenkte. Aber an jenem Tag passierte das nicht.

»Ja bitte«, sagte er und sah Liz geradewegs in die Augen. Er nahm zweifellos am Geschehen Anteil. Noch immer hielt er das Foto der beiden Katzen in den Händen. Chris und ich sahen uns an. Uns war klar, dass gerade etwas Außergewöhnliches passierte.

Liz erklärte uns, dass die Katzen draußen untergebracht seien. Das war nur bedingt eine gute Nachricht. Einerseits konnte ich meine Bedenken vergessen, dass Fraser im Haus eine Waschmaschine oder einen Toaster entdeckte und davon so fasziniert war, dass er die Katzen vergaß. Andererseits machte ich mir Sorgen, wie er darauf reagierte, zwei Katzen in einem Gehege zu sehen.

Das war genau die Art Nebensächlichkeit, die 99,99 Prozent aller Kinder nichts ausmachen würde. Aber Fraser gehörte nun einmal nicht zu den 99,99 Prozent.

Meine Ängste erwiesen sich jedoch als unbegründet. Liz führte uns zu zwei weitläufigen, mit Maschendraht umzäunten Gehegen. Eines war leer, aber in dem anderen befanden sich die zwei Katzen, die uns von den Fotos bereits vertraut waren. Bear und Billy. In natura sahen sie einander sogar noch ähnlicher, und ich hätte sie nicht unterscheiden können.

»Ich werde jetzt hineingehen, Fraser, okay?«, fragte Liz. Er nickte und starrte wie hypnotisiert auf die beiden Katzen.

Chris und ich standen neben Fraser und blickten in das Gehege.

Es gab eine erhöhte Plattform, auf der die beiden Katzen lagen. Die eine schien zu schlafen und hatte den Kopf in die andere Richtung gedreht, aber die andere saß kerzengerade und betrachtete uns Neuankömmlinge neugierig.

»Das ist Bear«, erklärte Liz und zeigte auf die schlafende Katze. »Und das ist Billy.«

In genau dem Moment sprang der aufmerksame Kater auf Liz' Schulter, von dort herunter und marschierte schnurstracks zu der Stelle, wo Fraser hinter dem Maschendraht stand. Fraser zuckte nicht zusammen, im Gegenteil. Er stand da und lächelte, fasziniert von dem Schauspiel.

»Möchtest du hereinkommen und Billy hallo sagen, Fraser?«, schlug Liz vor.

»Ja«, antwortete er. »Mummy, kommst du mit?«

Wieder wechselten Chris und ich einen flüchtigen Blick, der Bände sprach. Für andere Eltern hätte diese Szene vermutlich nichts Besonderes gehabt, aber für die Eltern eines Jungen, der sich während der vergangenen drei Jahre vor nahezu allem gefürchtet hatte, war es aufregend. Aber was danach passierte, war mehr als nur aufregend, es war überwältigend.

Im Gehege setzte sich Fraser sofort auf den Boden. Die besorgte Mutter in mir dachte: Da sind überall Katzenhaare, was, wenn er sich eine Krankheit einfängt? Aber mir blieb gar keine Zeit, um die Situation zu sehr zu analysieren. Bevor ich mich versah, war Billy auf Fraser zuspaziert, ließ sich auf ihn plumpsen und landete an Frasers Brust.

Was das Füttern anging, hatte Liz offensichtlich gute Arbeit geleistet, denn mittlerweile war Billy ein recht großer Kater. Die stürmische Begrüßung war ein kleiner Schock für Fraser und hätte ihn fast umgeworfen. Einen Moment lang saß er wie erstarrt da und schien unsicher, wie er darauf reagieren sollte. Unter normalen Umständen hätte ich einen durchdringenden Schrei erwartet. Aber er gab kein Geräusch von sich. Er reagierte auch nicht negativ. Nichts.

Billy schien instinktiv zu spüren, dass sich Fraser unwohl fühlte. Er verlagerte sein Gewicht, so dass nur noch seine Vorderpfoten auf Frasers Brust ruhten. Dann reckte er den Hals so weit es ging, damit er seinen Kopf an den von Fraser kuscheln konnte. So saßen die beiden da, ein still miteinander schmusendes Paar, als gäbe es nur sie beide auf dieser Welt.

Ich war verblüfft und konnte gar nicht glauben, was ich sah.

»Sieht so aus, als hatte sich Billy bereits für dich entschieden«, sagte Liz in die Stille hinein.

Liz, Chris und ich sahen einander lächelnd an. Mehr Worte waren überflüssig.

Fraser und Billy verharrten ein paar Minuten lang so und lernten einander kennen.

Dann fragte Liz: »Würdest du Billy gern mit nach Hause nehmen, Fraser?«

»Ja bitte«, antwortete er.

»Gut, dann werde ich mit deiner Mum und deinem Dad darüber sprechen, und wir werden alles klären«, sagte Liz.

Sie ließ die beiden noch für eine Weile dort sitzen, dann sagte Chris, dass er kurz zum Wagen gehen und nach Pippa sehen wolle.

»Ich fürchte, wir müssen schon bald zurückfahren«, sagte ich zu Liz. »Wie geht es jetzt weiter?«

»Ich werde Billy vom Tierarzt untersuchen und behandeln lassen. Dann ist er bereit für die neue Umgebung.«

»Wir werden bald umziehen, was möglicherweise Einfluss darauf hat, wann wir Billy holen können«, sagte ich.

»Lassen Sie uns am Montag telefonieren, okay?«, schlug sie vor.

»Gern«, stimmte ich zu und hoffte, dass sich alles problemlos fügen würde.

Ich war besorgt, dass sich Fraser aufregen würde, wenn Billy nicht sofort mit uns käme. Aber als wir ihm die Situation erklärten, steckte er das ohne Mühe weg, so wie alles an diesem Nachmittag.

»Chris, denkst du, Liz hat uns überhaupt geglaubt, dass Fraser autistisch ist?«, fragte ich, als wir uns auf den Heimweg machten.

Er lachte nur.

»Wenn man ihn heute Abend gesehen hätte, wäre man nie auf die Idee gekommen, dass es ein Problem gibt«, fuhr ich fort. Das stimmte.

Wir hatten insgeheim einkalkuliert, dass er nicht aus dem Wagen aussteigen würde und wir auf der Stelle kehrtmachen mussten. Aber Fraser hatte keine seiner extremen Verhaltensweisen an den Tag gelegt. Er war mit allem gut zurechtgekommen, vom Besuch bei einer fremden Person bis zu einer Katze, die ihm einfach auf den Schoß sprang. Für uns war das wie ein kleines Wunder. Es hatte sich ausgezahlt, dass wir unserem Gefühl gefolgt waren. Vielleicht hatten wir unsere Forelle an Land gezogen.

Auf dem Weg zu Liz hatte Fraser mucksmäuschenstill in seinem Kindersitz gesessen, vertieft in seine eigenen Gedanken. Auf der Rückfahrt war er wie ausgewechselt und redete die ganze Zeit lebhaft.

»Billy wird Frasers Freund«, sagte er einmal und hielt das Foto hoch.

»Das stimmt, Fraser«, versicherte ich und drehte mich lächelnd zu ihm um.

»Billy wird Frasers allerbester Freund«, sagte er.

Kindermund tut Wahrheit kund. Keiner von uns ahnte jedoch, als wie zutreffend sich diese Worte noch entpuppen würden.

Kapitel 2

Ankünfte

Wie sich herausstellte, waren Billy und Fraser schneller wieder vereint, als wir erwartet hatten. Der ursprüngliche Plan sah vor, noch sechs Wochen zu warten. Anfang August wollte Liz Billy dann zu uns bringen. Zu dem Zeitpunkt wollten wir bereits aus dem Haus, in dem wir die letzten beiden Jahre verbracht hatten, gut zwölf Meilen entfernt in ein moderneres Haus in Easter Balmoral, am Rand des Balmoral Estate umgezogen sein. Das neue Haus war praktischer für uns und nicht so abgelegen. Als ich an dem Montag nach unserem Besuch in Aboyne mit Liz telefonierte, empfahl sie, bis nach dem Umzug zu warten, bevor wir Billy zu uns holten. Sie befürchtete, dass es ihn irritieren könnte, sich in so kurzer Zeit an zwei neue Umgebungen zu gewöhnen.

Überraschenderweise ging Fraser recht gut damit um. An den Tagen nach unserer Fahrt zu Billy und Bear war er sehr aufgeregt wegen der Ankunft seines neuen Freundes. Bei Fraser wurde aus Aufregung leicht Angst. Aber wir wussten aus Erfahrung, dass der Schlüssel beim Umgang mit diesem Phänomen darin bestand, ihn zu Beginn jedes neuen Tages dahingehend zu beruhigen. Jeden Morgen, noch bevor er selbst das Thema anschnitt, erinnerten wir ihn also an das, was wir ihm gesagt hatten.

»Ja, Billy kommt in das neue Haus«, wiederholte er dann, manchmal zu sich selbst.

Noch immer bewahrte er die Fotos von Billy und Bear auf seinem Nachttisch auf und betrachtete sie regelmäßig vor dem Einschlafen. Das schien ihm zu genügen. Er war damit einverstanden, zu warten.

Wie sich herausstellte, war es Liz, die nicht warten konnte. Etwa zehn Tage nach unserem Besuch rief sie unerwartet an. Im ersten Moment bekam ich Panik und fürchtete, dass es ein Problem gab. Tatsächlich wollte sie aber in den nächsten Tagen eine größere Gruppe Katzen aufnehmen und fragte nun, ob sie uns Billy doch schon früher bringen könnte.

»Sehr gern, wenn es für den Kater auch in Ordnung ist«, sagte ich und dachte an das, was sie uns wegen des Umzugs gesagt hatte.

»Ich denke, dass Billy damit klarkommt. Er hat eine starke Persönlichkeit, wie Sie bereits gesehen haben«, sagte sie. »Sie müssten noch ein paar Formulare ausfüllen«, fuhr sie fort. »Wäre es in Ordnung, wenn ich Billy in ein paar Tagen vorbeibringe?«

»Natürlich«, versicherte ich.

Und so kam es, dass Liz und Billy am Nachmittag des 27. Juni 2011 bei uns eintrafen. Dieser Tag ist mir aus verschiedenen Gründen in lebhafter Erinnerung geblieben.

Fraser war an jenem Morgen in der Kindertagesstätte gewesen, und Liz hatte sich bereit erklärt, erst am Nachmittag zu kommen. Als wir ihm von der Planänderung erzählten, wurde er sehr aufgeregt und hörte gar nicht mehr auf, davon zu sprechen.

»Billy kommt, Billy kommt«, sagte er immer wieder.

Normalerweise brachte das Geräusch eines fremden Autos in unserer Einfahrt oder ein unerwartetes Klopfen an der Haustür Fraser sofort ins Schleudern. Es hatte Zeiten gegeben, da hatte er sich in der Küche zusammenge-kauert und sich die Ohren zugehalten, bis der Postbote endlich seine Briefe durch den Briefkastenschlitz gewor-fen hatte. Aber als er an diesem Nachmittag einen Wagen vor dem Haus halten hörte, lief er sofort zum Fenster.

»Das ist Billy!«

Liz tauchte mit einer weißen Metalltragebox vor der Haustür auf, in der eine flauschige Decke lag. An der Vorderseite war eine Klappe mit einem Riegel verschlos-sen. Das erinnerte mich an eine Nachbarin aus meiner Kindheit. Sie hatte Siamkatzen gezüchtet und war mit ihnen zu Ausstellungen im ganzen Land gereist. Ich hat-te viele Stunden in ihrem Haus verbracht, mit den klei-nen Katzen gespielt und dort auch diese hübschen Trans-portboxen gesehen.

Fraser war fasziniert und versuchte angestrengt, Billy durch die Ritzen an der Vorderseite zu erspähen.

»Billy ist da drin! Billy ist da drin!«, rief er aufgeregt, als Liz den Käfig ins Wohnzimmer brachte und den Riegel zur Seite schob, um die Klappe zu öffnen.

»Wenn Billy herauskommt, möchte er vielleicht herum-laufen und das Haus erkunden«, sagte ich zu Fraser. Schließlich war er immer noch ein Kater und vermutlich sehr daran interessiert, sein neues Territorium zu unter-suchen.

Aber Fraser war zu sehr auf die Kiste fixiert, aus der sein neuer Freund auftauchen würde, um mir zuzuhören.

Ich sehe immer noch vor mir, was dann passierte. Es war, als hätte Billy schon sein ganzes Leben bei uns verbracht. Sobald Liz die Klappe öffnete, sprang er aus dem Käfig, sah sich flüchtig im Wohnzimmer um und ging dann direkt zu Fraser.

Liz und ich wechselten einen vielsagenden Blick. Innerhalb weniger Augenblicke begannen Fraser und Billy zu interagieren.

Offensichtlich hatten beide aus ihrer ersten Begegnung in Liz' Haus gelernt, denn dieses Mal machte Fraser den ersten Schritt. Er duckte sich zu Billy und sagte: »Hi.« Dann beugte er sich noch tiefer hinunter, damit Billy nahe genug war, um sein Gesicht an ihm reiben zu können. Innerhalb von Sekunden lagen die beiden nebeneinander auf dem Teppich und liebkosten einander die Gesichter, so, wie sie es in Aboyne getan hatten.

Es war ein warmer, sonniger Nachmittag, und das Licht fiel durch das Fenster herein. So konnte ich Billy ein wenig genauer betrachten. Er war ein ungewöhnlich aussehender Kater. Sein Fell war dicht, von pudergrauer Farbe mit einem V-förmigen weißen Fleck im Gesicht, der vom Mund über die Nase bis zwischen die Augen reichte. Auf der Brust hatte er ebenfalls einen weißen Fleck, und die Pfötchen waren weiß, als trüge er kleine Halbstiefel. Außerdem hatte er seltsame hautfarbene Stellen auf der Nase und auf den Pfötchen. Auf den ersten Blick wirkten sie wie Kratzer, aber bei genauerem Hinsehen erkannte ich, dass er an diesen Stellen einfach kein Fell hatte. An der Art, wie er mit Fraser herumrollte, war unschwer abzulesen, dass er noch sehr jung und ausgelassen war.

Liz und ich saßen einen Moment lang da und betrachteten die beiden fasziniert. Wir schwiegen und wussten beide, dass wir Zeugen einer ganz besonderen Begegnung wurden.

Schließlich bat ich sie in die Küche zu einer Tasse Tee. Dort füllte ich die Formulare aus, die sie mitgebracht hatte. Wir waren immer noch damit beschäftigt, als ich einen Blick auf Billy erhaschte, der auf dem Flur vor der Küche herumpirschte.

Er hatte offenbar doch entschieden, sich sein neues Zuhause einmal anzusehen, denn er steckte den Kopf in jede Tür und jeden offenen Schrank. Mir war klar, dass Toby die größte Überraschung sein würde. Aber als die Senior-Katze auf dem Treppenabsatz erschien, gab es lediglich ein wenig Fauchen und Knurren. Innerhalb weniger Sekunden hatten die beiden einander durchschaut und wandten sich spannenderen Dingen zu. In Tobys Fall war das eine warme Ecke im Schlafzimmer, wo er sich zusammenrollen und sich dem Dösen widmen konnte. Billy setzte seine Erkundungstour noch eine Weile fort, kehrte aber bald zu Fraser zurück.

Der denkwürdigste Augenblick dieses Tages, jedenfalls für mich, war jener, als sich Liz verabschiedete.

Fraser ist zwar autistisch, aber nicht bar jeden Gefühls. Er kann sogar sehr liebevoll und anhänglich sein. Es passierte allerdings selten, vor allem, als er noch klein war, dass er Menschen, die nicht zur Familie gehörten, in die Augen sah oder sie sogar berührte.

Aber als sich Liz zum Gehen wandte, ging er zu ihr, schlang die Arme um sie und sagte: »Danke.« So viel Zuneigung oder Interesse hatte er einem Fremden gegenüber nie zuvor gezeigt.

Ich weiß, wie tief Liz dieser Moment berührte. Sie erzählt immer noch davon und sagt, dass unter all ihren Vermittlungen von Katzen in ein neues Zuhause diese besonders hervorsticht. Es ist wohl überflüssig zu erwähnen, wie bewegt ich war. Als ich sah, dass Fraser Liz sogar nachwinkte, kamen mir die Tränen. Das war im Grunde nichts Ungewöhnliches. Ich hatte wegen Fraser schon viele Tränen vergossen. Der Unterschied war nur, dass ich zum ersten Mal seit langem vor Glück weinte.

Vom ersten Tag an hatte mein Leben mit Fraser mich emotional an meine Grenzen gebracht. Es gab Zeiten, da fragte ich mich ernsthaft – und alle anderen um mich herum ebenfalls –, ob ich das schaffen würde.

Ich war erst relativ spät Mutter geworden, mit Anfang dreißig. Chris und ich lernten uns kennen, als ich zwanzig und er fünfundzwanzig war, und wir waren bereits zehn Jahre verheiratet, als wir uns entschieden, Kinder zu bekommen.

Um ehrlich zu sein gehörten wir zu den Paaren, die zunächst auch in Erwägung zogen, nie Kinder zu haben. Wir führten ein stressfreies und sorgloses Leben. Chris war Elektriker, und ich arbeitete in einem großen juristischen Fachverlag und teilte meine Zeit zwischen den Büros in Hampshire und in Swiss Cottage, London, auf. Wir wohnten in einem Reihenhaus an der englischen Südküste. Eigentlich hatten wir es als Investition gekauft, aber wir genossen die Herausforderung, es zu renovieren, und dank Chris' Fähigkeiten als Allround-Handwerker waren wir in der Lage, es zu einem gemütlichen Heim zu machen. Wir waren sehr glücklich dort und führten ein Leben, das viele vermutlich als beneidenswert bezeichnen würden, wir reisten in ferne Länder und hatten einen großen Freundeskreis.

Aber dann kam Chris eines Tages nach Hause und sagte, er habe darüber nachgedacht, ob wir nicht doch eine

Familie gründen sollten. Das ist die Art von Pauken-schlag, die eine Ehe in die Krise stürzen kann. Aber mir waren schon ähnliche Gedanken durch den Kopf gegan-gen.

Ich stamme aus einer Familie, in der wir einander eng verbunden sind, und bin selbst eines von zwei Kindern. Noch immer pflegte ich engen Kontakt mit meinen Eltern und fand die Vorstellung, ihnen Enkelkinder zu schenken, wunderschön. Als wir jedoch ihnen und unse-ren Freunden von unserem Plan erzählten, reagierten alle erstaunt und dachten, wir hätten den Verstand verloren. Vermutlich wussten sie besser als wir, dass unser sorgen-freies Leben ein jähes Ende finden würde. Aber das war uns egal.

Ich bin jemand, der alles plant. Sobald also die Entschei-dung gefallen war, eine Familie zu gründen, begann ich, alles zu entwerfen: das Haus, das wir kaufen würden, die Einrichtung der Kinderzimmer, die Schulen, die Fe-rien, die Ponys, auf denen die Kinder reiten würden. Wie heißt es doch so schön? Wenn du Gott zum Lachen bringen willst, erzähl ihm von deinen Plänen. Wenn das stimmt, muss er sich köstlich über mich amüsiert haben.

Es lässt sich nicht anders sagen – meine Schwangerschaft mit Fraser war die Hölle. Auf jede erdenkliche Weise. Es fing damit an, dass ich unglaublich an Gewicht zunahm. Und zwar *wirklich* unglaublich. Ich wurde so schwer, dass ich nur noch mit Krücken laufen konnte. Ich bin eine zierliche, nur knapp einen Meter sechzig große Frau, und bereits in der zwanzigsten Schwangerschafts-woche lastete zu viel Gewicht auf meinem Beckenboden. Das verursachte jede Menge Probleme, vor allem weil ich beruflich oft zwischen Andover und London pendeln musste, was auf Krücken eine echte Herausforderung ist. Als wäre das nicht genug, erlitt ich im Vorfeld der Geburt eine Präeklampsie.

Ende Februar 2008 wurde ich ins Krankenhaus gebracht, und die Geburt musste eingeleitet werden. Wieder wurde ich daran erinnert, dass man nicht alles planen kann. Ich hatte mir ausgemalt, dass ich eine natürliche Geburt mit leiser Entspannungsmusik erleben würde, und alle würden lächeln, wenn mein von einem Ohr zum anderen strahlendes, wunderschönes Baby das Licht der Welt erblickte. Aber die Realität sah natürlich anders aus.

Drei Tage lag ich in den Wehen, und das waren die schlimmsten drei Tage meines Lebens. Am zweiten Tag bekam ich eine Periduralanästhesie, um die qualvollen Schmerzen zu lindern, aber sie zeigte kaum Wirkung. Um sechs Uhr am Morgen des dritten Tages wurde entschieden, einen Notkaiserschnitt durchzuführen, und ich wurde in Windeseile in den OP gebracht. Man versicherte mir, dass für das Baby und mich alles gutgehen und ich nun bald von den Schmerzen erlöst sein würde. Das ist das Letzte, woran ich mich erinnere. Ich bekam eine Vollnarkose und verbrachte die Geburt ohne Bewusstsein. Als ich wieder zu mir kam, sagte man mir, ich hätte einen Jungen zur Welt gebracht, einen 4400 Gramm schweren Prachtkerl.

In Anbetracht all der Probleme war es nicht verwunderlich, dass die ersten Stunden meiner Mutterschaft alles andere als perfekt verliefen. Den ersten Tag von Frasers Leben verbrachte ich mehr oder weniger im Delirium. Es war schrecklich. Zeitweise war ich so benebelt, dass ich anfing zu lachen, als jemand etwas wegen meines Babys sagte. Ich erklärte denjenigen für durchgeknallt. »Wovon zum Teufel reden Sie? Ich habe kein Baby«, habe ich wohl tatsächlich gesagt.

Es gibt Fotos von Fraser und mir aus diesen ersten Stunden zusammen, und diese Bilder lügen nicht. Ich sah total geschafft aus, weit entfernt vom Bild einer strahlenden, frischgebackenen Mutter mit ihrem Baby im Arm. Zum Glück waren Chris und meine Mum da. Chris war immer mein Fels in der Brandung, aber sogar er befand sich in einem schockähnlichen Zustand. Offenbar war die Situation so kritisch gewesen, dass er an einem Punkt nicht einmal mehr wusste, ob seine Frau und sein Kind überhaupt überleben würden. Was hätte ich nur ohne ihn getan?

Der Mensch aber, der während dieser ersten traumatischen Stunden am meisten litt, war Fraser. Wegen der Komplikationen bei der Geburt waren die Ärzte um uns beide besorgt. Frasers Kopf war stark geschwollen, und ich verlor viel Blut. Als Folge davon hatten er und ich noch keine Bindung zwischen uns herstellen können. Chris und meine Mum hielten ihn auf dem Arm und herzten ihn, aber alle fanden, dass ich eigentlich diejenige sein sollte, die das tat. Das Problem war nur, dass ich entweder bewusstlos oder im Dämmerzustand war, also kümmerte sich am Ende eine Krankenschwester um ihn.

Ich bin nicht so naiv zu glauben, ich wäre die erste Mutter, die eine schwere Geburt hatte, und ich werde auch nicht die letzte sein. Aber ich hoffe, dass die Erfahrungen, die ich während jener ersten Tage machen musste, den meisten Müttern erspart bleiben. Die Erinnerung daran verfolgt mich bis heute.

Am zweiten Tag nach der Entbindung ging es mir schon besser, und ich erkannte, dass etwas nicht stimmte. Es war, als sei Fraser voller Wut auf diese Welt gekommen. Während der zweiten 24 Stunden seines Lebens schrie er nahezu ununterbrochen. Was ich auch tat, er hörte nicht auf.

Etwa anderthalb Jahre später, als ich mich auf Pippas Geburt vorbereitete, ermutigten mich die Ärzte, die Krankenakte zu lesen, die nach Frasers Geburt angelegt wurde. Sie meinten, es könne helfen, mich auf ähnliche Komplikationen vorzubereiten.

In meiner Erinnerung war alles wie in einem Nebel, aber als ich die Unterlagen durchging, öffnete mir das die Augen. Ich hatte von Anfang an gewusst, dass etwas nicht in Ordnung war. Und ich hatte den Schwestern mehrfach gesagt: »Mit dem Kleinen stimmt etwas nicht«, oder: »Er verhält sich so seltsam.« Ich hatte auch angesprochen, dass er so unglaublich wütend wirkte. Damals bekam ich keine vernünftige Antwort, aber im Nachhinein betrachtet ergab alles einen Sinn. Ich weiß noch, dass mir eine Schwester riet, mehr mit ihm zu schmusen! Als hätte ich nicht jede wache Minute damit verbracht, genau das zu tun.

Nach ein paar Tagen wurde ich entlassen und fuhr mit Fraser nach Hause, voller Hoffnung, dass er sich dort beruhigen würde. Aber das war nicht der Fall. In unserem Haus in Andover machte er genau so weiter, wie er im Krankenhaus aufgehört hatte – er schrie ununterbrochen. Und wieder kam es mir so vor, als sei er fürchterlich wütend. Instinktiv gab ich mir selbst die Schuld.

Ich glaubte, er sei böse auf mich, weil ich alles falsch machte. Ich hielt ihn nicht richtig, fütterte ihn nicht richtig, zog ihn nicht richtig an. Als junge Mutter hätte ich vermutlich eine magische Bindung zwischen uns spüren sollen. Aber das tat ich nicht. Stattdessen kam es mir so vor, als würde ich unentwegt gegen ein wildes Feuer ankampfen. Natürlich gibt es jede Menge Ratgeber, die behaupten, man solle ein Baby einfach schreien lassen, bis es von allein aufhört. Das mag bei anderen Kindern funktioniert haben, nicht aber bei Fraser.

Das Wort Weinen ist nicht der richtige Begriff für das, was Fraser tat. Es war ein Brüllen, Kreischen und Schreien. Und meistens konnte ich nichts tun, um ihn zu beruhigen. Wenn ich jedoch gar nicht reagierte, schaltete er einen Gang höher und schrie so laut, dass er violett anlief und sich übergab.

Der Stress und die wachsende Sorge gingen nicht spurlos an mir vorbei. Meine Mutter kam zu uns, sobald wir aus dem Krankenhaus waren. Aber schon nach einem Tag schickte ich sie wieder fort. Es lag nicht an unserer Beziehung, wir kommen hervorragend miteinander aus, aber ich wollte einfach niemanden in meiner Nähe haben. Ich litt unter einer Mischung aus Angst, Müdigkeit, Schuldgefühl und bestimmt hundert anderen Gefühlen. Damals wusste ich es noch nicht, aber es war der Beginn einer langen Phase halb selbstauferlegter Isolation, die mich erwartete.

Meine Mum machte sich natürlich Sorgen. Welche Mutter täte das nicht? Sie wusste, dass ich die Hölle durchmachte, also rief sie mich ständig an. Aber das, was ich ihr sagte, beunruhigte sie nur noch mehr.

»Ich mag Fraser nicht«, sagte ich eines Tages zu ihr.

»Wie meinst du das?«, fragte sie.

»Nun ja, ich dachte, jede Mutter liebt ihr Baby ganz von selbst. Aber ich mag ihn einfach nicht«, sagte ich.

Im Nachhinein betrachtet ist das erschreckend. Aber es war auch symptomatisch für meine damaligen Gefühle und meinen seelischen und körperlichen Zustand. Ich war in keiner guten Verfassung, und während der folgenden Tage, Wochen und Monate wurde es nur noch schlimmer.

Es gab Zeiten, da fragte ich mich: *Was habe ich nur falsch gemacht?* An anderen Tagen war ich davon überzeugt, den größten Fehler meines Lebens begangen zu haben.

Ich war zehn Jahre lang glücklich verheiratet gewesen, hatte einen guten Job und führte ein geselliges Leben. Nun war ich ständig allein mit einem Kind, das 24 Stunden am Tag, sieben Tage die Woche brüllte und spuckte. Langsam, aber sicher hatte ich das Gefühl, von der Außenwelt abgeschnitten zu sein.

So viele meiner Pläne lösten sich langsam, aber sicher in Luft auf. Ich hatte mich zum Beispiel darauf gefreut, mein Baby mit ins Büro zu nehmen. Kurz vor mir hatten zwei Kolleginnen entbunden und waren beide vorbeigekommen, damit wir ihre Babys bewunderten. *Bald werde ich diejenige sein*, hatte ich damals gedacht.

Aber während der ersten Wochen mit Fraser war daran gar nicht zu denken. Niemand hätte ihn auf den Arm nehmen können, ohne dass er sofort loslegte. Außerdem ging es im Büro stets hektisch zu, und mir war aus beruflicher Sicht klar, dass ich ein Baby wie Fraser nicht in eine solche Umgebung bringen konnte. Er hätte das ganze Büro zusammengeschrien.

Meine Kollegen schrieben mir ständig E-Mails und fragten, wann ich ihn endlich einmal zeigen würde, aber ich erfand immer neue Ausreden. Ich hatte ein Geheimnis, ein Kind, das ich nicht der Welt zeigen wollte. Das war traurig. Und es war falsch.

Aber dann, ein paar Wochen nach Frasers Geburt, wurde mir die perfekte Entschuldigung auf dem Silbertablett serviert. Wie konnte ich mein Kind den Kollegen zeigen, wenn ich 500 Meilen entfernt in den schottischen Highlands wohnte?

Kapitel 3

Der Tiefpunkt

Wenn ich heute zurückschaue, wird mir klar, dass Frasers Geburt und diese ersten Tage zu Hause zu den bizarrsten und stressigsten Phasen meines Lebens gehören. Und wie ich Chris einen Job als Elektriker der Queen auf Balmoral Estate an Land zog, war das Allerbizarrste.

Alles fing damit an, dass ich mir eines Tages Highland-Ponys im Internet ansah. Ich weiß, dass sich das seltsam anhört, aber ich war so erschöpft und angespannt, dass meine einzige Flucht darin bestand, mir Bilder anzugucken, die mich an glücklichere Zeiten erinnerten – die hoffentlich einmal wiederkehren würden. Seit ich ein kleines Mädchen gewesen war, war ich ganz verrückt nach Pferden. Ich mochte vor allem Highland-Ponys. Eines Tages, als Fraser ein kurzes Nickerchen hielt, ging ich also online und suchte nach Bildern von Ponys. Irgendwie entdeckte ich, dass es auf Balmoral Estate ein paar besonders schöne Exemplare gab, und landete schließlich auf der offiziellen Website des Gutes.

Abgetaucht in meine Phantasiewelt klickte ich auf den Link »Jobangebote«. Ich kann selbst nicht sagen, warum ich das tat. Ich ging wohl kaum davon aus, dass es dort eine freie Stelle für eine bis an den Rand der Erschöpfung getriebene Mutter gab, um auf eventuell vorhandene königliche Babys aufzupassen. Als sich eine neue Seite öffnete, fiel mein Blick sofort auf die Anzeige: »Elektriker gesucht«.

Ich wusste, dass Chris mit seiner momentanen Situation nicht zufrieden war. Er war ein ziemlich lockerer Typ mit einem trockenen Humor und kam eigentlich mit jedem klar. Aber er war desillusioniert und hatte allmählich die Nase voll davon, tagein, tagaus neue Wohnhäuser zu verkabeln und elektrische Küchengeräte zu reparieren. Als ich ihm die Anzeige präsentierte und sagte, er solle sich bewerben, warf er mir einen ungläubigen Blick zu.

»Klar doch«, sagte er dann sarkastisch. »Das ist bestimmt ein Job, den normale Leute wie ich bekommen.«

»Woher willst du das wissen, wenn du dich nicht bewirbst?«, erwiderte ich.

»Also schön, ich werde meinen Lebenslauf hinschicken und sehen, was passiert.« Das tat er, und das schier Unglaubliche passierte. Kurz darauf erhielten wir eine E-Mail, in der er zu einem Vorstellungsgespräch nach Balmoral eingeladen wurde. Einer der Gründe, warum ich einen Umzug nach Schottland nie gänzlich ausgeschlossen hatte, bestand darin, dass Chris' Mum dort lebte, oben an der nordöstlichen Küste. Chris flog also nach Inverness und fuhr von da aus mit dem Wagen seiner Mum nach Balmoral zum Vorstellungsgespräch.

Anschließend rief er mich an und sagte, das Gespräch sei gut gelaufen und man werde sich bei ihm melden. Er hielt es für eine freundliche Floskel. Aber als er unterwegs zum Flughafen von Inverness war, klingelte sein Handy.

»Wir möchten Ihnen den Job anbieten, könnten Sie Ende April anfangen?«, wurde er gefragt.

Als er mir das erzählte, war ich genauso verblüfft wie er. Jetzt erst wurde mir klar, was da auf uns zukam. Man hatte Chris gesagt, dass uns ein Haus zur Verfügung gestellt werden würde, wenn er den Job annahm. Wenigstens über eine Unterkunft mussten wir uns also nicht den Kopf zerbrechen. Blieb nur noch, unser altes Haus zu verkaufen, unser Hab und Gut zu packen und nach Balmoral zu schaffen, eine elfstündige Autofahrt entfernt. Und all das mit einem schwierigen Säugling.

Die Fahrt nach Schottland hat sich unauslöschlich in mein Gedächtnis gebrannt. Viele Babys hätten große Teile der Reise verschlafen, vom leisen Summen des Motors und dem sanften Schaukeln des Autos in den Schlaf gewiegt. Nicht aber Fraser. Er schrie fast die ganze Zeit. Im Nachhinein weiß ich, dass das Auto ihm einfach zu viele Stimuli bot. Es gab viel zu viel wahrzunehmen.

Als wir in Balmoral eintrafen, wurden wir vom Leiter des Gutes begrüßt, offiziell bekannt unter der Bezeichnung »Resident Factor«, von den Angestellten aber nur kurz »Factor« genannt. Er zeigte uns die weitläufigen Außenanlagen, und wir fuhren an dem riesigen Granitschloss mit vielen Türmchen vorbei, in dem die Queen regelmäßig ihre Sommerferien verbringt. Auf dem Gipfel des Lochnagar lag noch Schnee, obwohl der Frühling nahte. Die Aussicht auf den Berg war atemberaubend schön, wie in einem Märchen. Zumindest wäre es das gewesen, wenn ich mich in der entsprechenden Verfassung befunden hätte.

Chris brachte mich zu dem Haus, das uns vom Estate zur Verfügung gestellt wurde. Er war begeistert, was diesen Teil seiner neuen Arbeitsstelle betraf.

»Du wirst dich hier wohl fühlen«, sagte er unterwegs zu mir und beschrieb das Haus als perfektes kleines Cottage inmitten einer Waldlandschaft der Highlands. »Ein Stück die Straße hinauf gibt es sogar einen See.«

Als wir vor dem Haus hielten, hatte ich jedoch ein anderes Gefühl. Es handelte sich um einen kleinen Steinbungalow auf einer Lichtung im Wald an der Straße zu einem Ort namens Loch Muick. In der Nähe gab es noch genau einen anderen Bungalow. Und das war's.

Mein Mut verließ mich, und ich fühlte mich innerlich leer. Ich konnte Chris' Begeisterung überhaupt nicht teilen. Also sah ich das Haus nur an und sagte: »Es gefällt mir nicht.«

»Wie meinst du das? Es ist wunderschön«, erwiderte Chris fassungslos.

Ich muss damals sehr undankbar gewirkt haben. Dennoch konnte ich nicht anders reagieren. Dass ich von nun an mit einem schwierigen Neugeborenen mitten im Nirgendwo leben sollte, war keine tolle Perspektive und nicht einmal mein größtes Problem. Ich war tief unglücklich und stieß, obwohl ich es mir damals noch nicht eingestehen wollte, seelisch und körperlich zunehmend an meine Grenzen.

Im April 2008 zogen wir ein. Es stellte sich heraus, dass der Bewohner des anderen Bungalows ein Rentner war, ein ehemaliger Buchhalter des Gutes, der sich hier zur Ruhe gesetzt hatte. Er war ein netter Mann, aber nicht sonderlich daran interessiert, seine Zeit mit einer jungen Mutter und ihrem brüllenden Baby zu verbringen.

Auch für Chris war das Haus nicht wirklich praktisch, da er mit dem Wagen zwanzig Minuten bis Balmoral brauchte. Er hatte stets Rufbereitschaft und fuhr auch außerhalb seiner regulären Arbeitszeiten zum Gut, sobald es dort ein Problem gab. Manchmal sah ich ihn erst viele Stunden später wieder.

Während der ersten Wochen schien ich ständig in dem Cottage allein zu sein. Chris fuhr morgens um Viertel vor acht zur Arbeit und kam bestenfalls gegen Viertel vor sechs wieder nach Hause. Von dem Moment an, wenn er aus der Tür war, saß ich da und wartete darauf, dass er zurückkam. Bis dahin gab es nur mich und Fraser, der den ganzen Tag weinte und schrie.

Was das Wetter anbelangte, waren dieser erste Spätfrühling und Frühsommer idyllisch. Man konnte draußen sitzen und dem Wasser lauschen, das im Fluss am Fuße des Berges vorbeirauschte. Man hörte die Vögel singen. Für die meisten Menschen wäre dieser Ort das Paradies gewesen. Aber für mich war es die Hölle.

Frasers Schreien ließ mich herumhetzen und alles ausprobieren, was ihn möglicherweise friedlich stimmen konnte, aber nichts half. Mittlerweile hatte ich herausgefunden, dass er in zweistündigen Etappen schlief. Er schlief zwei Stunden und war dann zwei Stunden wach, ganz regelmäßig. Nachts schlief er ein bisschen länger am Stück, aber nicht viel. In den zwei Stunden, in denen er jeweils wach war, wurde ich schonungslos beansprucht. Er brauchte eine frische Windel und wollte sein Fläschchen, und dann wollte er herumgetragen werden, und dann ging alles wieder von vorn los.

Jede einzelne Minute des Tages war eine Herausforderung. Fraser kommunizierte nicht so, wie es die meisten Kinder tun. Wenn man mit ihm »Kuckuck« spielte, reagierte er nicht. Normalerweise wird das Band zwischen Mutter und Kind während dieser ersten Monate gefestigt. Aber ich erntete weder ein Lächeln noch ein Glucksen, noch gab er sich jemals Mühe, meine Grimassen und Handbewegungen nachzuahmen. Er gab mir rein gar nichts zurück, was für mich als Mutter sehr verstörend war.

Seine Kommunikation verlief stets nach demselben Muster: Er versuchte nicht, durch Gesten oder Geräusche zu vermitteln, was er wollte, er schrie einfach nur.

»Woher weißt du, was er möchte?«, fragte mich meine Mum einmal.

»Er schreit mich so lange an, bis er das bekommen hat, was er will«, antwortete ich.

Das stimmte. Manchmal fragte ich mich, ob ich inmitten eines Spiels gelandet war, wo man den richtigen Begriff erraten musste.

»Möchtest du das hier?«, fragte ich und hielt seine Tasse hoch.

»Waaaah!«, schrie er als Antwort.

»Nein? Okay, dann vielleicht das?« Ich bot ihm einen Keks an.

»Waaaaah!«

»Nein, ähm, dann das?« Ich versuchte es mit seinem Spielzeug.

»Waaaah!«

Und so ging es immer weiter, ein ständiger Prozess von Versuch und Irrtum oder, wie Chris und ich es nannten, »Versuch und Horror«. Es zehrte mich aus.

Und ich war ans Haus gefesselt. Ich konnte nirgendwohin gehen und nichts unternehmen.

Die Lage wurde nur dann besser, wenn ich Fraser in den Buggy setzte und ihn zu einem malerischen kleinen Fleck mit einem großen Baum schob. Wenn ein leichter Wind ging, liebte er es, dort zu liegen und zuzusehen, wie sich die Zweige wiegten. Er war fasziniert von der sanften Bewegung und dem leisen Rascheln der Blätter. So ließ er sich am besten beruhigen. Ich konnte ihn sogar dort stehen lassen und schnell nach Hause laufen, um mir eine Tasse Tee zu kochen. Ich weiß, das klingt herzlos, aber ich kann nicht beschreiben, was für eine Erleichterung diese gestohlenen Minuten der Ruhe und des Friedens für mich waren.

Zu der Zeit lebte ich nur von einem Tag zum anderen. Aber mir war klar, dass es auf Dauer nicht so weitergehen konnte. Also bat ich Chris, uns eine Bleibe zu suchen, in der wir mehr unter Menschen waren. Man sagte ihm, dass momentan nichts frei sei. Während der folgenden sieben Monate galt es also, einfach nur zu überleben. Fast hätte ich das nicht geschafft.

Wenn ich jetzt zurückschaue, erkenne ich, dass es mir wirklich schlechtging. Noch immer erschreckt es mich, welche Gedanken mir damals durch den Kopf schossen. Der Tiefpunkt war eines Abends erreicht, als Chris von der Arbeit nach Hause kam.

Ich hatte einen weiteren schwierigen Tag mit Fraser hinter mir und entschied, einen Spaziergang zu machen. Ich ging zu der Straße, die zum Fluss führte, und dann hinunter zu einer eisernen, grünen Brücke, die das reißende Wasser überspannt. Auch diese Stelle war atemberaubend schön, ein kleiner Ausschnitt vom Highland-Paradies.

Ich hatte noch nicht lange dort gestanden, als mir ein grausamer Gedanke in den Kopf kam. *Würde es irgendjemanden kümmern, wenn ich mich von dieser Brücke stürzte? Würde es etwas ausmachen?*

Ich fühlte nichts als Einsamkeit und Leere. Ich war verzweifelt. Für eine Weile – ich weiß nicht, wie lange – starrte ich auf den Fluss und überlegte, was passieren würde, wenn ich sprang und mich von der Strömung mitreißen ließ. War ich tatsächlich kurz davor, mein Leben zu beenden? Ich weiß es nicht mehr. Auch dieser Augenblick ist wie so viele andere in meiner Erinnerung in dichten Nebel gehüllt.

Aber irgendwann tauchten vor meinem inneren Auge Bilder von Chris und meiner Familie auf – und vor allem von Fraser. Ich konnte das ihm und den anderen nicht antun. Als ich wieder zu Hause war, fühlte ich mich, als sei ich am absoluten Tiefpunkt angelangt. Aber wie sich herausstellte, war es noch nicht vorbei.

Was mich betraf, war eines der wenigen positiven Dinge an dem Umzug nach Schottland, dass die Krankenschwestern und Hebammen dort wesentlich netter und verständnisvoller waren. Mit den Hebammen in England war ich nicht zurechtgekommen, und es hatte mehr als einmal Streit gegeben. Sie waren einfach nicht bereit, sich meine Probleme anzuhören, und nahmen mich nicht ernst. Was ich auch sagte, es schien falsch oder naiv zu sein. Anscheinend hatte ich nicht die geringste Ahnung.

Zum Beispiel konnte Fraser von Anfang an die Milch nicht bei sich behalten. Kaum hatte ich ihn gefüttert, kam das meiste wieder heraus. Ich sagte der Hebamme, dass ich mir Sorgen machte. Möglicherweise vertrug er das Milchpulver nicht. Aber sie erwiderte, ich solle nicht albern sein, und laktosefreie Babymilch könne sie nicht empfehlen. Die Standardbegründung für sein Unwohlsein lautete, dass er Koliken habe, wogegen sie Tropfen verschrieb. Aber erst als ich ihn nach ein paar Monaten auf Sojamilch umstellte, verbesserte sich die Situation.

Überall begegnete mir diese altmodische »Da musst du eben durch«-Haltung. Wenn ich von seinem Schreien erzählte, hieß es: »So ist er nun mal, also gewöhne dich besser daran.«

Wir hatten uns in Balmoral gerade erst umgemeldet, da wurde ich schon von einer Krankenschwester namens Jayne aufgesucht. Es ist vermutlich nicht übertrieben zu sagen, dass sie mir das Leben rettete.

Jayne hatte eine liebenswerte, unkomplizierte Art, und ich fasste schnell Vertrauen zu ihr. Sie hat mich kein einziges Mal wie eine neurotische Mutter behandelt, sondern hörte stets aufmerksam zu und nahm mich ernst. Ich litt unter postnataler Depression. Jayne wusste das. Alle wussten es, nur ich nicht. Ich wollte es auch nicht akzeptieren, da es mir so vorkam, als würde ich dadurch die Kontrolle über mein Leben verlieren. Jayne redete mit meinem Arzt, und er verschrieb mir Tabletten gegen die Depression, aber ich nahm sie nicht. Meiner Meinung nach war mit mir alles in Ordnung.

Ich wollte es absolut nicht wahrhaben und wurde aggressiv, sobald jemand darauf zu sprechen kam.

»Willst du etwa behaupten, ich bin eine schlechte Mutter?«, blaffte ich jeden an, der versuchte, zu mir durchzudringen.

Als der Sommer anbrach, entschied ich, dass ich mal aus dem grausamen Alltag ausbrechen musste, und flog zu meiner Familie nach Essex.

Nach mehr als drei Monaten mit Fraser und über zwei Monaten Isolation in den Highlands war es wohl kaum überraschend, dass meine Beziehung zu Chris sehr angespannt war. Er ging jeden Tag arbeiten, hatte den Job seiner Träume und war glücklich. Gleichzeitig war ich so furchtbar unglücklich. Der arme Mann. Er versuchte, mich auf jede erdenkliche Weise aufzuheitern, und unterstützte mich in jeder Minute, die er zu Hause war. Aber es funktionierte nicht. Es war nicht leicht für ihn, und er wusste sich bald keinen Rat mehr.

Meine Mum hatte förmlich gebettelt, ich solle sie besuchen kommen, also stimmte ich schließlich zu und setzte mich mit Fraser ins Flugzeug. Vor der Abreise hatte ich einen Riesenstreit mit Chris. Ich weiß nicht mehr, worum es dabei ging. Woran ich mich jedoch erinnere, ist, dass ich aus irgendeinem Grund die mir verschriebenen Tabletten einsteckte und mitnahm. Wir hatten deshalb häufig Auseinandersetzungen gehabt – Chris fand, ich sollte die Medikamente nehmen, ich dagegen hielt das für überflüssig. Ich muss sie in einem Anfall von Gereiztheit in die Tasche gepackt haben, so als wollte ich sagen: »Na schön, ich nehme sie mit! Bist du jetzt zufrieden?«

Die erste Nacht bei meiner Mutter schlief Fraser neben mir in seinem Reisebettchen. Wie üblich schrie er viel. Daran war nichts ungewöhnlich, auch nicht daran, dass er sich übergab. Ich stand auf, machte ihn sauber, bezog sein Bett frisch und versuchte, wieder einzuschlafen.

Kaum fielen mir die Augen zu, da übergab er sich schon wieder. Aber dieses Mal war es anders. Er weinte nicht. Mittlerweile war es halb vier Uhr morgens.

Ich wusste instinktiv, dass etwas nicht stimmte. Nachdem ich ihn gewaschen und das Bett noch einmal frisch bezogen hatte, weckte ich meine Mutter.

Sie warf nur einen Blick auf ihn und holte dann das Fieberthermometer. Er hatte fast 42 Grad Temperatur und wurgte ständig, obwohl gar nichts mehr herauskam.

Meine Mutter rief beim ärztlichen Notdienst an und musste zunächst etliche Fragen beantworten. Man sagte ihr, wir sollten ihm schluckweise Wasser verabreichen und eine Stunde warten, ob es besser würde. Aber wir merkten schnell, dass wir so nicht weiterkamen. Also rief meine Mutter noch einmal den Notdienst an und wurde richtig wütend.

»Sie müssen etwas unternehmen! Der Kleine ist ernsthaft krank!«, schrie sie in den Hörer.

Mittlerweile war es draußen hell, und die örtliche Ambulanz hatte geöffnet. Wir riefen dort an, und die Ärztin kam sofort. Sie sah Fraser nur an und sagte: »Er muss ins Krankenhaus. Sofort.«

Mum und Dad lebten damals um die Ecke vom Southend Hospital, so dass wir fünf Minuten später dort waren.

Ich übertreibe nicht, wenn ich sage, dass Fraser zu diesem Zeitpunkt aussah, als sei er tot. Er bewegte sich nicht, atmete flach, und seine Hautfarbe war aschgrau.

Die Ärzte brachten ihn in die Notaufnahme, wo er an einen Tropf gehängt wurde. Unfähig, klar zu denken, saß ich auf dem Flur.

Nach ein paar Stunden kam der Arzt und sagte mir, dass Fraser eine schwere Magen-Darm-Entzündung habe. Er sei nicht sicher, wie kritisch die Situation ist, aber er hoffe, ihn durchzubringen. Die nächsten 24 Stunden seien entscheidend.

Ich durfte an seinem Bett sitzen. Die Schwestern hatten ihn auf eine spezielle Sensormatte gelegt, die seinen Herzschlag und seine Atemfrequenz kontrollierte.

Alles war so schnell gegangen, ich hatte jegliches Zeitgefühl verloren. In der folgenden Nacht blieb ich bei ihm im Krankenhaus. Und als ich dort saß, wurde es mir plötzlich klar.

Ich sah Fraser an, wie er dort lag, und dachte: *Du kannst nichts dafür.*

Bis dahin war ich wie in einem Nebel verloren gewesen. Ich war überhaupt nicht gut mit der Situation umgegangen. Auch ich hatte eine große Wut in mir, die ich aber in die falsche Richtung lenkte. Ich ließ meinen Ärger an den Menschen aus, die mir nahestanden: Chris, meine Mum und vor allem Fraser.

Ich weiß noch, wie ich dachte: *Mein Baby stirbt vielleicht, und ich habe solche Gefühle ihm gegenüber gehegt. Ich habe ihm die Schuld an allem gegeben. Was hat er denn falsch gemacht? Nichts.*

Das war der Wendepunkt, der absolute Tiefpunkt, den ich offenbar erreichen musste. Von nun an musste ich unbedingt alles in den Griff bekommen, bevor es zu spät war.

Es ist sonderbar, wie der menschliche Verstand arbeitet, wie eine Krise dich dazu bringen kann, der Realität deiner eigenen Situation ins Gesicht zu sehen. Als ich dort saß, erkannte ich, wie kostbar dieses Kind war und wie sehr ich es liebte. In den Monaten zuvor hatte ich diese Liebe aus den Augen verloren, vermutlich wegen meiner Depression. Jetzt wurde mir plötzlich klar, dass ich mich um ihn kümmern und ihm eine Chance im Leben geben musste. Plötzlich spürte ich, wie sich die ganze Wut auflöste. Stück für Stück verschwand der Ärger. Es war unglaublich.

Bis zum nächsten Morgen ging auch mit Fraser eine Wandlung vor sich. Sie hatten unglaubliche Mengen an Flüssigkeit in ihn hineingepumpt, und wie es bei Kindern häufig vorkommt, war er rasch über den Berg. In dem einen Moment hatte er noch an der Schwelle zum Tod gestanden, und im nächsten befand er sich schon auf dem Weg der Besserung.

»Babys sind immer wieder ein Wunder«, sagte der Arzt, als er mir die gute Nachricht überbrachte, dass sich Fraser wieder gefangen hatte.

Ich verspürte eine seltsame Mischung aus Erleichterung und Entschlossenheit. Ich wusste genau, was ich zu tun hatte. Ich griff in meine Handtasche, holte das Fläschchen mit den Tabletten heraus, die mir wegen der postnatalen Depression verschrieben worden waren, und schluckte die auf dem Aufkleber angegebene Dosierung. Und von da an wurde langsam alles besser.

Meine Mum hatte Chris angerufen, und er hatte sich sofort in den Wagen gesetzt und war elf Stunden durchgefahren. Er wusste nicht, ob sein Sohn überleben würde, wie es seiner Frau ging, was aus unserer Beziehung werden würde und ob es überhaupt noch eine Beziehung gab. Ich kann mir kaum vorstellen, was für eine Fahrt das gewesen sein muss – vermutlich die reinste Hölle.

Als Chris Fraser in seinem Bettchen liegen sah, so munter und lebendig wie bei unserer Abreise etwa 36 Stunden zuvor, war er genauso erleichtert wie ich.

Chris war mit dem Wagen gefahren, weil die Ärzte vermuteten, Fraser habe sich die Infektion auf dem Flughafen oder im Flugzeug geholt. Sie rieten uns deshalb, nicht mit ihm nach Hause zu fliegen. Und dann geschah das Wunder: Er schlief tatsächlich während der gesamten Rückfahrt nach Norden, offensichtlich erschöpft von allem, was er durchgemacht hatte.

Die Autofahrt war uns sehr willkommen, nicht zuletzt deshalb, weil sie Chris und mir die Möglichkeit zum Reden bot. Ich entschuldigte mich für mein Verhalten in der letzten Zeit und erklärte ihm, was in meinem Kopf vorgegangen war. Chris ist ein unglaublich verständnisvoller Mann und sagte, dass er sich große Sorgen um mich gemacht habe und froh sei, dass ich den Rat des Arztes endlich angenommen habe und die Medikamente nehmen wolle. Als wir in Schottland ankamen, wusste ich, dass in meiner Ehe alles wieder gut werden würde.

Unsere Probleme mit Fraser lösten sich natürlich nicht in Luft auf. Das Leben mit ihm wurde eher eine noch größere Herausforderung. In den darauffolgenden Jahren lernten wir immer mehr über seinen Zustand. Aber von jenem Tag an war ich in der Lage, einen Schritt zurückzutreten und die Probleme rationaler zu betrachten. Im Job war ich stets eine logisch denkende und sehr organisierte Person gewesen. Also begann ich, auch meine Probleme mit meinem Kind auf logische und organisierte Art und Weise anzugehen. Seither ist meine Denkweise immer dieselbe geblieben. Es geht darum, Probleme zu lösen, zu fragen: »Was kann ich tun, um Fraser zu helfen? Wie kann ich Schwierigkeiten umgehen?«

Was dich nicht umbringt, macht dich stärker, heißt das alte Sprichwort, und es ist wahr. Diese ersten Monate nach Frasers Geburt waren traumatisch, aber auch wie eine reinigende Therapie. Seither lebe ich immer nach ein und derselben Philosophie. Niemand trägt Schuld an unserer Situation. Weder Fraser noch ich, noch sonst jemand. Die Karten wurden verteilt, nun liegt es in meiner Verantwortung, damit umzugehen. Fraser hat Priorität, und ich tue alles in meiner Macht Stehende, um ihm ein besseres Leben zu ermöglichen. Tag für Tag.

Und genau aus dem Grund habe ich ihm drei Jahre nach dem Tiefpunkt seinen Freund Billy gesucht …

Kapitel 4

Die siamesischen Zwillinge

Billys Ankunft fuhr durch unser Leben wie eine frische Brise. Von dem Moment an, als er aus dem Transportbehälter sprang, veränderte sich die Atmosphäre in unserem Haus – zum Besseren.

Das lag zum Teil daran, dass Billy wesentlich präsenter war als Toby. Er war jünger und lebhafter, zeigte aber auch mehr persönliche Eigenschaften. Während der ersten Tage spazierte er durchs Haus, als hätte er schon sein ganzes Leben dort verbracht. Er machte es sich bequem, wo es ihm gerade beliebte. Besonders angetan war er von dem kleinen Hauswirtschaftsraum an der Rückseite des Gebäudes. Mehrmals am Tag fand ich ihn dort zusammengerollt in einem Weidenkorb mit Schmutzwäsche.

Hin und wieder verschwand er auch in das umliegende Gelände, was uns nicht sonderlich beunruhigte. Eigentlich wollten wir ihn am Anfang im Haus behalten. Die Dame von *Cats Protection* hatte uns dazu geraten, weil Billy geimpft worden war, kurz bevor sie ihn zu uns brachte. Aber dafür war Billy viel zu freiheitsliebend. Glücklicherweise schien er sich in der ersten Zeit nie allzu weit zu entfernen. Er war mehr daran interessiert, die Bäume auf dem Grundstück hochzuklettern. Eines Tages beobachtete ich durch das vordere Verandafenster, wie er den Baum nahe der Straße erklomm. Zweifellos kannte er keine Angst. Er stand dort oben auf einem Ast, der sich sanft im Wind wiegte, und betrachtete die Gegend wie ein Seemann im Ausguck eines Segelschiffes.

Im Haus machte er weiterhin einen großen Bogen um Toby und respektierte dessen Revier im Obergeschoss. Er schien es nicht aus Furcht zu tun, sondern eher, weil er sich nicht mit einem Kater abgeben wollte, der den ganzen Tag faul herumlag. Billy wollte etwas erleben und aktiv sein, vor allem wenn Fraser mit von der Partie war. Er bot Fraser die lockere, unkomplizierte Gesellschaft, die ich mir erhofft hatte. Ich erwartete nicht viel von ihm, schließlich war und blieb er ein Kater, eine unabhängige Kreatur. Ich wollte nur, dass er Frasers Freund werden würde, und diese Aufgabe erfüllte er.

Die beiden machten an der Stelle weiter, wo sie bei ihren ersten Begegnungen aufgehört hatten, und verstanden sich blendend. Sie hingen stundenlang zusammen, und wenn Fraser aus der Betreuung oder von einem Arzttermin zurückkam, verhielten sie sich wie lange getrennte Brüder, die sich endlich wiedergefunden hatten.

Billy hatte sich sogar angewöhnt, in Frasers Nähe zu schlafen. Wegen seiner Muskelschwäche konnte Fraser nicht weit laufen, geschweige denn Treppen steigen, deshalb schlief er im Erdgeschoss. Wenn Fraser abends in seinem Bett lag und es langsam still im Haus wurde, rollte sich Billy im Flur vor Frasers Zimmer zusammen. Und sobald Fraser morgens aufstand, war Billy nicht weit. Während Fraser am Tisch saß und frühstückte, kam Billy auf Samtpfoten in die Küche gelaufen.

»Mein Billy«, sagte Fraser dann.

Da Fraser den größten Teil seines jungen Lebens jede Interaktion mit allem und jedem abgelehnt hatte, wärmte mir dieser Anblick jedes Mal das Herz. Bezogen auf ein ganzes Leben war das natürlich eine verschwindend kleine Interaktion, aber für mich war es wunderschön. Es war, als würde Billy Fraser behutsam hinaus in die Welt bringen.

Jede freie Minute beobachtete ich die beiden. Ich konnte es nicht in Worte fassen, aber ich spürte, dass Billy ein instinktives Verständnis für Fraser und seine Bedürfnisse entwickelte.

Zum Beispiel liebte es Fraser, auf dem Wohnzimmerboden zu liegen und fernzusehen. Wir hatten Laminatboden mit einem großen viereckigen Teppich in der Mitte, auf dem er sich gern entspannte. Billy verstand das sofort und legte sich stets in seine Reichweite. Fraser schmiegte dann seinen Kopf auf Billys Bauch oder rollte sich neben ihm wie eine Kugel zusammen. Und Billy lehnte sich regelmäßig an Fraser und schmiegte seinen Kopf an dessen Brust. Was mir schon früh auffiel, war, wie sich Billy immer wieder mit der Stirn gegen Fraser drückte, als würde er ihm einen Kopfstoß verpassen. Oft tat er das, während Fraser auf dem Rücken lag, und drückte ihn damit förmlich auf den Boden. Er schien zu wissen, dass Fraser das mochte. Aber woher? Ich hatte keine Ahnung.

Dieser Aspekt von Frasers Krankheit war uns selbst noch nicht lange bekannt: Wegen seiner Muskelschwäche war Fraser in seiner Mobilität stark eingeschränkt. Es hatte Jahre gedauert, bis er laufen konnte, und als Kleinkind war er nicht gekrabbelt. Wenn er sich fortbewegen wollte, setzte er sich hin und zog und rutschte stückweise weiter. Faktisch verbrachte er deshalb die ersten 18 Monate seines Lebens auf dem Boden liegend. Er lag immer auf dem Rücken und rollte sich nicht einmal auf den Bauch.

Ich stellte mich darauf ein und wechselte ihm meist auf dem Fußboden die Windel. Allein ihn aufzuheben und auf die Wickelkommode zu legen, hätte einen Wutanfall auslösen können.

Nachdem seine Krankheit diagnostiziert worden war, konnte man uns endlich erklären, warum er sich so verhielt. Er hatte ein starkes Bedürfnis nach körperlichem Halt und brauchte das Gefühl von etwas Stabilem, Festem um sich herum. Der Boden unter ihm, den er an seiner Wirbelsäule und den Beinen spürte, gab ihm diese Sicherheit. In jeder anderen Position fehlte ihm diese Stütze, und er wurde unsicher. Billy hatte innerhalb von zwei Tagen durchschaut, wozu wir zwei Jahre gebraucht hatten.

»Die beiden sind wie siamesische Zwillinge«, sagte ich eines Abends beim Essen zu Chris. »Billy scheint ihn besser zu verstehen als wir.«

»Lass uns abwarten, ob er Fraser auch noch versteht, wenn er zum ersten Mal ausrastet.«

Ein berechtigter Einwand.

Während sich Billy bei uns einlebte, gab es ein paar Dinge, die uns ernsthaft Sorgen bereiteten. Eines davon war Pippas Sicherheit. Wenn Billy nun Gefallen an ihrer

Wiege fand und sie für einen guten Schlafplatz hielt? Man liest immer wieder Horrorgeschichten, in denen ein Säugling aus Versehen von einer Katze erstickt wurde. Unsere Sorgen erwiesen sich jedoch schnell als unbegründet, denn Billy schenkte Pippa und allem, was zu ihr gehörte, nicht die geringste Beachtung. Er war so sehr daran interessiert, Zeit mit Fraser zu verbringen, dass er so gut wie nie in den ersten Stock hinauflief.

Blieb noch die Sorge, wie Billy auf Frasers Tobsuchtsanfälle reagieren würde. Auch Chris machte sich darüber Gedanken, denn es war offensichtlich, was für eine enge Bindung Fraser bereits zu seinem Freund aus der Familie der Katzen entwickelt hatte. Wir wussten beide, dass der nächste Wutanfall nur eine Frage der Zeit war. Und wenn Billy dann fortlief? Wenn diese neue Freundschaft in die Brüche ging, bevor sie die Chance bekam, sich zu festigen? Wir blieben in Kontakt mit Liz bei *Cats Protection* und waren uns einig, ein paar Wochen abzuwarten, bevor wir entschieden, dass Billy für immer bei uns bleiben würde. Mussten wir Billy womöglich zurück nach Aboyne bringen? Und – vor allem – welche Auswirkung würde das auf Fraser haben, wenn wir seinen neuen Kameraden nicht behalten konnten? Auf die Antworten zu diesen Fragen brauchten wir nicht lange zu warten.

Eines Abends Anfang Juli kam Chris zur üblichen Zeit von der Arbeit nach Hause. Wir litten unter einer Hitzewelle, und an diesem Tag war es besonders drückend.

»Hi, ich habe den ganzen Tag auf einem stickigen Dachboden geschuftet und geh erst mal duschen«, sagte er und steckte den Kopf nur kurz in die Küche, wo ich vollauf damit beschäftigt war, Pippa in ihrem Hochstuhl zu füttern.

Es passierte so schnell, dass keiner von uns auch nur daran dachte, dass dadurch unsere übliche Routine nicht eingehalten werden konnte. Wenn Chris von der Arbeit kam, setzte er sich normalerweise hin und trank eine Tasse Tee. Fraser reagierte sofort auf diese Veränderung. Er war nach dem Essen ins Wohnzimmer gegangen, um dort mit Billy zu spielen. Kaum war von oben das Geräusch der Dusche zu hören, stand Fraser aufgelöst im Türrahmen.

»Daddy hat es falsch gemacht«, sagte er und schaukelte auf den Fußballen vor und zurück, wobei er die Fäuste abwechselnd ballte und öffnete.

»Daddy hat es falsch gemacht. Das tut er nicht«, wiederholte er und hielt sich die Ohren zu.

Ich kannte die Vorboten eines Anfalls nur zu gut. Schließlich beobachtete ich sie seit mittlerweile drei Jahren. Deshalb wusste ich, dass es nichts bringen würde, wenn Chris jetzt in die Küche kommen und seinen Tee trinken würde. Es war zu spät. Die Bombe würde jeden Moment hochgehen. Ich konnte mich nur noch innerlich gegen die bevorstehende Explosion wappnen.

Langsam änderte sich Frasers Gesichtsfarbe. Das ist eigentlich nicht lustig, aber manchmal habe ich es mit dem Anblick verglichen, wenn eine Zeichentrickfigur unheimlich wütend wird. In Sekundenschnelle hatte Fraser begonnen, zu weinen und zu schreien, und ich versuchte, ihn zu beruhigen.

Auf einer Skala von eins bis zehn hatte dieser Anfall ungefähr die Stärke sechs, vielleicht auch sieben. Bei neun schob er sich die Hände in den Mund, biss sich auf die Finger und sabberte sich voll. Bei zehn kam Nasenbluten hinzu. Stufe sechs genügte jedoch, dass sich jeder, der draußen vorbeiging, fragen musste, ob in diesem Haus zehn Kinder gleichzeitig schrien.

Das ging vielleicht dreißig Sekunden so, dann tauchte Billy auf. Er musste irgendwo im Haus unterwegs gewesen sein, als er Fraser schreien hörte. Fraser stand im Flur, hielt sich die Ohren zu und brüllte wie am Spieß. Billy setzte sich vor ihn und sah ihn unverwandt an.

Der Lärm war ohrenbetäubend, aber Billy blieb unbeirrt dort sitzen. Einmal strich er sogar mit seinem Schwanz behutsam über Frasers Bein, als wolle er ihn beruhigen. Es dauerte eine Weile, bis Fraser ihn bemerkte. Das beendete zwar nicht sein Weinen, schien für Billy aber ein Signal zu sein. Er umkreiste Fraser und mich, während sich alle langsam beruhigten.

Ein paar Minuten später tauchte Chris auf. Er rubbelte sich die Haare mit einem Handtuch trocken und sah mich entschuldigend an.

»Tut mir leid. Ich habe nicht nachgedacht«, sagte er.

Ich hatte schon so viele Tobsuchtsanfälle erlebt, dass ich mir ein dickes Fell zugelegt hatte.

»Ist schon gut«, sagte ich. »Die gute Nachricht ist, dass es Billy keine Angst gemacht hat.«

»Tatsächlich?«, fragte Chris. »Ich habe gesehen, wie sich Toby bei uns unterm Bett versteckt hat, deshalb dachte ich, Billy wäre bestimmt auch geflüchtet.«

»Im Gegenteil«, versicherte ich. »Keine Ahnung, was er in seinem alten Zuhause alles erlebt hat, aber es schien ihn überhaupt nicht zu beunruhigen. Erstaunlich, dass eine so junge Katze damit umgehen kann, oder?«

Chris nickte nur.

»Ich hoffe wirklich, dass wir ihn behalten können, aber wir sollten nichts überstürzen.« Er lächelte und stellte den Wasserkessel auf den Herd, um den längst überfälligen Tee zu kochen.

Er kannte mich gut genug, um zu wissen, was mir durch den Kopf ging.

»Ich weiß, wie sehr du dir wünschst, dass Billy sein bester Freund wird. Aber du weißt auch, wie unberechenbar Fraser sein kann. Ich will nicht, dass du vor lauter Enttäuschung noch einmal so abstürzt. Vergiss nicht, wie es mit Toffee war.«

Wie hätte ich das vergessen können?

Etwa zwei Jahre zuvor hatten wir uns einen Hund zugelegt, einen Windhundmischling aus dem Tierheim.

Wir hatten ihn mehr für mich als für Fraser oder Chris angeschafft.

In den Monaten nachdem bei mir eine Depression diagnostiziert wurde, entschied ich, dass ich noch eine andere Gesellschaft brauchte als nur ein Kind, das die ganze Zeit schrie. Wir waren bereits von dem Cottage im Wald in das Torhaus am Rand von Balmoral Estate gezogen, nahe der Brücke über den River Dee, wo sich der Haupteingang zum Schloss befindet. Es lag glücklicherweise nicht so abgelegen, denn es war November, und der schottische Winter stand vor der Tür.

Ich hatte Hunde schon immer geliebt, und in diesen hier verliebte ich mich sofort. Ich nannte ihn Toffee. Nach wie vor fühlte ich mich oft einsam, aber Toffee gab mir einen neuen Fixpunkt in meinem Leben. Es war einfach schön, ihn jeden Tag mitzunehmen, wenn ich den Buggy durch die Außenanlagen von Balmoral schob.

Für ein paar Wochen wagte ich zu hoffen, dass er von nun an zur Familie gehören würde und mir Gesellschaft leisten könnte an den langen, dunklen Abenden, die vor uns lagen.

Aber schon bald zeigte sich, dass er und Fraser nicht kompatibel waren. Zu dieser Zeit hatte Fraser begonnen, sich rutschend über den Fußboden zu bewegen. Das war ein Problem, denn Toffee haarte stark. Auf Katzenhaare hatte Fraser bisher nicht reagiert, aber wie sich herausstellte, lösten Hundehaare bei ihm starke Asthmaanfälle aus.

Chris und ich brauchten nicht lange, um die unvermeidliche Entscheidung zu treffen. Toffee musste zurück ins Tierheim. Dort war man bewundernswert verständnisvoll und fand für ihn schnell ein neues Zuhause. Wie erklärten uns bereit, Toffee nach Dundee zu bringen, von wo aus er nach Berwick-upon-Tweed, nahe der englisch-schottischen Grenze, transportiert werden würde.

Die Fahrt dorthin war entsetzlich. Fraser befand sich in seinem Kindersitz, Toffee lag in seinem Körbchen, und Chris und ich saßen vorn. Wieder wurde mein Herz in tausend Stücke gerissen.

Als Treffpunkt hatten wir den Parkplatz eines großen Supermarkts für Haustierbedarf vereinbart. Aber als wir dort ankamen, wurde mir klar, dass ich der Situation nicht gewachsen sein würde. Es ging mir einfach zu nahe. Also machte ich mit Toffee einen Spaziergang, verabschiedete mich von ihm und ließ Chris die Übergabe durchführen. Zurück im Auto, versuchte ich, nicht zu weinen, um Fraser nicht aufzuregen, aber ich verlor den Kampf.

Es war damals eine schwierige Zeit, und Toffees Abschied war ein weiteres trauriges Ereignis. Aber ich ermahnte mich, an das Versprechen zu denken, das ich mir und Fraser gegeben hatte, und raffte mich auf. Mir blieb ohnehin keine andere Wahl.

Zu diesem Zeitpunkt wurde immer deutlicher, dass Fraser unter schwerwiegenden Problemen litt.

Vermutlich haben alle Eltern eines dieser Bücher über die Meilensteine gelesen, die ein Kind in einem bestimmten Alter jeweils erreicht haben sollte. Dort steht, wann sie laufen, sprechen, aufs Töpfchen gehen und allein essen können. Es wurde recht schnell klar, dass ich diese Orientierungspunkte bei Fraser vergessen konnte. Er würde sie nie erreichen – keinen einzigen davon.

Dass Fraser diese Meilensteine nicht schaffte, bestätigte mir, was ich ohnehin schon wusste. Irgendetwas stimmte nicht mit ihm. Aber die Ärzte begannen sich mit seinem Zustand erst dann genauer zu beschäftigen, als er so viele Meilensteine verpasst hatte, dass es auch auf ihrem Radar nicht mehr zu übersehen war. Im Januar 2009, als Fraser zehn Monate alt war, schickte man uns mit ihm zum Orthopäden, weil die Ärzte dachten, er hätte vielleicht ein körperliches Problem, das ihn daran hinderte, laufen zu lernen.

Bei den Untersuchungen konnte jedoch nichts Gravierendes festgestellt werden, also wurden wir zu einer Kinderärztin in Aberdeen überwiesen, Dr. Stephen.

Autismus war eine naheliegende Erklärung für viele von Frasers Verhaltensweisen, aber er war zu jung für die entsprechenden Tests. In der Regel wird diese Diagnose frühestens gestellt, wenn die Kinder vier Jahre alt sind.

Und wie es damals so oft der Fall war, musste erst etwas Dramatisches passieren, um die Dinge in Bewegung zu bringen.

Als Fraser etwa vierzehn Monate alt war, lag er eines Montagmorgens auf dem Boden und schlug auf seine Beine, wie er es oft tat. Aber er verkrampfte sich dabei auch immer wieder. Und dann zitterte er am ganzen Körper. Immer abwechselnd verkrampfte er sich und zitterte. Schließlich hörte es auf, setzte aber kurz darauf wieder ein. Wir sahen das nicht zum ersten Mal, aber nie war es so schlimm gewesen.

Ich rief Chris' Mum an, die zu dieser Zeit in ihrem Job mit behinderten Erwachsenen arbeitete und eine gewisse Erfahrung mit Krampfanfällen hatte. Kaum hatte ich ihr die Symptome beschrieben, sagte sie mir, ich solle einen Krankenwagen rufen.

Leichter gesagt als getan. Chris rief direkt beim Nationalen Gesundheitsdienst an und musste erst einmal Fragen beantworten. Fraser war mittlerweile kreidebleich. Endlich entschieden sie, uns einen Krankenwagen zu schicken. Der Rettungssanitäter teilte unsere Besorgnis. Da Fraser zunehmend schlechter aussah, fuhr der Rettungswagen das letzte Stück zum Krankenhaus mit Blaulicht. Wir waren froh, dass er nun bald Hilfe bekommen würde.

Nachdem Fraser untersucht worden war, hatten wir ein Gespräch mit einem Spezialisten, der uns sagte, dass er nicht sicher sei, ob es ein Anfall gewesen war. Allerdings habe er zu diesem Zeitpunkt auch keine andere Erklärung. Er schlug vor, Fraser zur Beobachtung im Krankenhaus zu behalten, was uns nicht gerade beruhigte.

Zufällig hatten wir zwei Tage später einen Termin bei Dr. Stephen. Wir waren bereits einen Monat zuvor bei ihr gewesen, und sie hatte uns gebeten, Fraser zu beobachten und, wenn möglich, zu filmen. Chris hatte ein paar von Frasers Wutanfällen und auch diese seltsamen Krampfanfälle aufnehmen können. Die wollten wir ihr bei unserem nächsten Termin zeigen.

Ich blieb über Nacht bei Fraser im Krankenhaus. Chris fuhr nach Hause und kam am nächsten Tag mit seiner Mutter und dem Camcorder zurück.

Als ich am nächsten Morgen zum Frühstück nach unten ging, traf ich unerwartet auf Dr. Stephen. Unser Termin mit ihr war zwar erst am darauffolgenden Tag, aber sie entschied, Fraser sofort zu untersuchen.

Nachdem die Ärztin sich die Aufnahmen ein paarmal angesehen hatte, teilte uns Dr. Stephen mit, dass es keine epileptischen Anfälle seien.

»Es ist eine Art von Selbstberuhigung«, sagte sie. »Wir müssen Fraser hierbehalten und weitere Tests durchführen.«

Das war ein bedeutsamer Moment. Endlich schenkten uns die Ärzte Beachtung. Als Erstes wurde eine Kernspintomographie gemacht und anschließend ein EEG, bei dem Elektroden an Frasers Kopf befestigt und seine Gehirnströme gemessen wurden. Glücklicherweise gab es keine Hinweise auf Epilepsie.

Ein paar Monate nach dem »Krampfanfall« sollte Fraser schließlich eine Woche lang in einem speziellen Zentrum in Aberdeen untersucht werden. Man wollte sein Verhalten beobachten und weitere Tests durchführen. Das wurde die bis dahin wichtigste Woche in Frasers Leben.

Chris musste sich eine Woche Urlaub nehmen – kein einfaches Unterfangen, da die Queen gerade in Balmoral weilte. Jeden Tag fuhren wir anderthalb Stunden zu dem Therapiezentrum für geistig und körperlich behinderte Kinder. Schon beim ersten Betreten des Gebäudes spürten wir die positive Atmosphäre. An den Wänden gab es sensorische Gegenstände, Holzräder, die man drehen konnte, und Bodenwellen, die man beim Gehen spürte – alles auf die Größe der Kinder abgestimmt.

Fraser beängstigte es normalerweise, ein neues Gebäude mit so vielen Gängen zu betreten, aber die vielen Spielzeuge lenkten ihn ab. Ein cleveres Konzept. Es gab ein großes Spielzimmer mit einem Spiegel an der Wand, der von der anderen Seite durchsichtig war. Chris und ich saßen eine Weile hinter dieser Scheibe und schauten Fraser beim Spielen zu.

Außer ihm waren noch fünf weitere Kinder zur Beobachtung hier. Keines war älter als vier, aber Fraser war das jüngste. Jedes Kind hatte einen eigenen Betreuer, der mit ihm arbeitete. Die Kinder wurden zudem von einem Logopäden, einem Psychologen und einem Ergotherapeuten untersucht. Man wollte zum Beispiel sehen, wie Fraser auf das Berühren verschiedener Stoffe reagierte, deshalb ließen sie ihn mit Schaum, Gelee, Sand, Wasser und Farbe spielen – Dinge, mit denen man so richtig herummatschen kann. Sie beobachteten auch, wie wir mit Fraser umgingen und mit ihm redeten. Schließlich wurden uns die Ergebnisse mitgeteilt.

Bei diesem Gespräch hätte ich beinahe ein paarmal laut gelacht.

»Sie scheinen instinktiv zu wissen, was Fraser möchte«, wurde mir zum Beispiel gesagt.

Ich lächelte und sagte: »Nein, aber ich werde seit achtzehn Monaten angeschrien. Er fragt nie direkt nach etwas. Ich habe einfach gelernt zu erkennen, worauf er hinauswill. Für ihn sind feste Abläufe wichtig, also habe ich sie mir angeeignet.«

Ich will fair sein – die Ärzte entdeckten etliche Dinge, die uns nie aufgefallen waren. Zum Beispiel wussten wir, dass Fraser gute Augen hatte und sogar Gegenstände in großer Entfernung deutlich sah. Wir hatten jedoch nie gemerkt, dass er der Sichtlinie nicht folgen konnte, wenn er auf etwas zeigte.

Sie wiesen außerdem darauf hin, dass sich Fraser besonders energisch weigerte, etwas zu tun, wenn von ihm erwartet wurde, dass er es tat. Ich konnte nur nicken. Wenn wir mit dem Auto fuhren, war er zum Beispiel fest entschlossen, nicht einzuschlafen. Dasselbe passierte in einem Kinderwagen oder einem Kinderbett, das nicht sein eigenes war. Als hätte er eine bewusste Entscheidung getroffen: *Ich weiß, was ihr von mir wollt, und ich werde es nicht tun. Ich werde meine gesamte Energie aufwenden, um es zu verhindern.*

Es war seltsam, eine Woche lang dabei zuzusehen, wie all diese Menschen mit Fraser redeten oder sich mit ihm beschäftigten, um dann etwas auf ihrem Klemmbrett oder einem Block zu notieren. Irgendwie kam ich mir vor wie eine Rabenmutter, weil ich zuließ, dass Fremde ihn wie ein Versuchskaninchen studierten. Aber wir brauchten Antworten, und das war der einzige Weg, sie zu bekommen.

Am Ende dieser Woche wurden Chris und ich nach Aberdeen eingeladen, um mit allen Experten gemeinsam über Frasers Zukunft zu sprechen.

Wir ließen Fraser zu Hause bei Chris' Mum und fuhren zum letzten Mal in dieser Woche nach Aberdeen. In einem Raum saßen zwölf oder dreizehn Personen an einem ovalen Mahagonitisch. Es waren die unterschiedlichen Fachleute, die Fraser in dieser Woche begutachtet hatten, und jeder von ihnen konnte etwas über ihn sagen. Ihre Erkenntnisse waren in einem umfangreichen Bericht zusammengefasst, den man uns zu Beginn des Gesprächs überreichte.

Der Inhalt war niederschmetternd.

Vieles darin bestätigte nur, was wir bereits wussten. Der klinische Psychologe wies darauf hin, dass Fraser Probleme im Umgang mit Fremden habe und sich fürchte, wenn ein Unbekannter bei uns vor der Haustür stehe. Wir brauchten Stunden, um ihn zu beruhigen, wenn zum Beispiel unerwartet der Stromableser bei uns gewesen war.

Es wurde auch angemerkt, dass Frasers Kommunikationskompetenz ernsthaft eingeschränkt sei und sich auf 25 Wörter beschränke. Auch das war uns bekannt. Zudem wusste ich aber, dass er dafür auch auf 25 verschiedene Arten schreien und brüllen konnte. Das war seine Art der Kommunikation.

Die Ärzte wiesen darauf hin, dass Fraser mit vielen Gegenständen Probleme habe, die ihm im alltäglichen Leben begegneten, zum Beispiel Tassen. Er wollte nur aus einer bestimmten Tasse trinken und verzweifelte, wenn er diese nicht bekam. Auch das bestätigte nur die uns vertraute Realität. Ich hatte Dutzende von Tassen gekauft, bevor wir eine fanden, die Fraser gefiel. Noch immer hatte ich zu Hause ein Regal voller abgelehnter Tassen.

Es gab aber auch eine Erkenntnis, die völlig neu für uns war. Als Fraser etwa acht oder neun Monate alt war, hatte er eine Zeitlang etwas besonders Seltsames getan.

Er zog die Knie an den Körper und schlug dann die Beine ganz fest auf den Boden. Unsere Ärztin hatte das damals vermerkt, und wir erwähnten es auch in den Gesprächen mit den Experten. Ursprünglich hatte es geheißen, dass es eine tonische Verkrampfung der Gliedmaßen sei. Zu unserer Beunruhigung wichen die Ärzte nun von dieser Diagnose ab und vermuteten, dass es sich doch um Krampfanfälle handle.

Wir wussten, dass die nun gestellte Diagnose großen Einfluss auf Frasers Zukunft hatte. Und leider bestätigten sich unsere Ängste.

In dem Bericht stand, dass Fraser an einer, wie sie es ausdrückten, »Störung des autistischen Formenkreises« leide. Zudem zeige er Verhaltensauffälligkeiten, und sie gaben der Schlappheit seiner Gliedmaßen einen Namen: Muskelhypotonie, ein Mangel an Muskelstärke und -spannung.

Der Urteilsspruch war erdrückend. Es war unklar, ob Fraser jemals würde richtig laufen können. Man sagte uns, dass eine Therapie helfen könne, aber wie bei seinen Sprachstörungen gab es keine Garantie. Einer der Ärzte war fest davon überzeugt, dass der Erfolg allein in Frasers Hand läge. Er sagte, unser Sohn habe einen starken Willen und tue etwas erst dann, wenn er selbst dazu bereit sei.

Das Fazit bezüglich seiner schulischen Zukunft war wesentlich klarer. »Fraser wird nie eine normale Schule besuchen können«, erklärte uns eine Ärztin. Ich habe diesen Satz im Ohr, als hätte ich ihn vor fünf Minuten gehört. Als hätte jemand Chris und mir ein Messer ins Herz gestoßen. Dabei hatte diese Ärztin es nicht böse gemeint. Sie machte lediglich ihre Arbeit und war ehrlich.

Dieser Tag war auf vielfache Weise paradox. Auf der einen Seite waren Chris und ich am Boden zerstört. Als Eltern hegt man für seine Kinder so viele Hoffnungen und Träume. Die halbe Stunde, die wir in diesem Besprechungszimmer in Aberdeen verbrachten, ließ die meisten davon zerplatzen wie Seifenblasen. Gleichzeitig fühlte ich mich endlich ernst genommen. So lange hatte mir niemand zuhören wollen. Und jetzt bestätigten die auf ihren jeweiligen Fachgebieten anerkanntesten Spezialisten Schottlands das, was ich seit achtzehn Monaten vermutete. All die Leute, die mir gesagt hatten, ich sei neurotisch, hatten sich geirrt.

Und es gab noch einen positiven Aspekt. Frasers Diagnose bedeutete, dass wir von nun an bei seiner Betreuung unterstützt wurden. Nachdem ich anderthalb Jahre den Alltag allein bewältigt hatte, bekam ich nun professionelle Hilfe in Form von Physiotherapie, Verhaltenstherapie und Logopädie.

Der Verwalter von Balmoral war unglaublich hilfsbereit. Er fragte stets nach Fraser, und als wir ihm von der Diagnose erzählten, unterstützte er uns, wo er nur konnte.

Das Torhaus war nicht ideal als Zuhause. Es fing schon damit an, dass Fraser keine Treppen steigen konnte, und wenn Chris nicht da war, musste ich Fraser die lange und gefährliche Steintreppe hinauf- und hinuntertragen. Der kleine schlaffe Körper in meinen Armen schien mit jeder Stufe schwerer zu werden, als würde ich eine schwere Tonne einen Berg hinaufhieven.

Außerdem war es ein altes Steingebäude, und Fraser fror, wenn er länger auf dem Boden lag. Wir hatten zwar Teppiche, aber unter den Türen zog es durch, so dass es nachts und morgens eisigkalt im Haus war.

Und dann war da noch das Problem mit dem Licht. Eines

der ersten Hilfsmittel, das die Ärzte bereitstellten, war ein Rollator, mit dem Fraser stehen konnte. Leider waren die Fenster in unserem Haus so hoch, dass er nicht hinausschauen konnte. Seine neuen Therapeuten teilten unsere Auffassung, dass es nicht gut für ein Kind sei, sich viel in einem relativ dunklen Haus aufzuhalten. Und da er nicht hinaussehen konnte, musste es für ihn wie ein Gefängnis wirken.

Als wir dem Verwalter dies erklärten, reagierte er verständnisvoll. Er wollte sich nach einem anderen Haus für uns umsehen und hatte dabei schon ein bestimmtes im Sinn, das er für geeignet hielt. Es lag ein paar Meilen von Balmoral entfernt auf dem offenen Land nahe Ballater. Eine ältere Dame, die dort gewohnt und auf dem Anwesen gearbeitet hatte, war kürzlich in ein Altersheim gezogen.

Der Verwalter meinte, dass es perfekt sei für unsere Bedürfnisse. Alle Zimmer befanden sich auf einer Ebene, die Fenster waren sehr tief, und das ganze Gebäude war hell und freundlich. Es stellte für uns alle eine riesige Verbesserung dar. Dieses Haus gab uns neuen Auftrieb, vor allem da Fraser mit verschiedenen Therapien begonnen hatte.

Wenn ich heute zurückschaue, erkenne ich, dass diese Phase für uns ein echter Durchbruch war. Anderthalb Jahre lang waren wir uns selbst überlassen gewesen. Wir hatten zwar gespürt, dass etwas nicht stimmte, erhielten aber keine professionelle Hilfe, ganz davon zu schweigen, dass versucht worden wäre, Fraser zu helfen. Die offizielle Diagnose änderte das. Wir waren nicht länger auf uns gestellt und kamen mit vielen fähigen Leuten in Berührung. Eine Person zeichnete sich besonders aus, eine Physiotherapeutin namens Helen.

Einer der Ärzte in Aberdeen war sicher, dass Frasers Probleme mit dem Stehen und Gehen nur eine Frage seines Willens seien. »Wenn er dazu bereit ist, wird er laufen. Er ist einfach nur stur«, hatte er uns gesagt. Aber Helen war anderer Meinung.

Sie erkannte schnell, dass Fraser ein Problem mit den Gelenken hatte, die er praktisch um 360 Grad drehen konnte. Aufgrund seiner Muskelschwäche waren die Gelenke so instabil, dass sie nachgaben, sobald er versuchte, sie zu belasten. Das betraf nicht nur die Knöchel beim Laufen, sondern auch die Hände, wenn er versuchte, etwas aufzuheben. Uns erinnerten seine Bemühungen immer an diese Greifautomaten, die es manchmal auf Jahrmärkten gibt und bei denen man mit einem steuerbaren Kran versucht, eine Süßigkeit oder ein Spielzeug aufzuheben. Es gelingt so gut wie nie. In dem Moment, in dem der Kran das gewünschte Objekt greift, rutscht es auch schon wieder heraus. Er kann es einfach nicht fest packen. Genauso erging es Fraser. Es war ihm also schlichtweg unmöglich, auf seinen Füßen zu stehen oder gar zu laufen.

»Es hat nichts mit seinem Willen zu tun. Er ist physisch nicht dazu in der Lage«, erklärte uns Helen.

Sie empfahl uns speziell angefertigte Beinschienen, um die Gelenke zu stabilisieren.

Der Arzt hielt nichts davon, was uns nicht sonderlich überraschte, aber Helen handelte einfach über seinen Kopf hinweg. Sie kämpfte mit allen Mitteln für uns.

Fraser bekam die Schienen und war schon bald in der Lage, zu stehen und die ersten Schritte zu gehen. Ohne Helen hätten wir Monate wenn nicht gar Jahre gewartet. Das Bemerkenswerte an Helen war ihre Ausstrahlung. Sie war Anhängerin der New-Age-Bewegung, hatte langes Haar und trug stets baumelnde Ohrringe. Sie war damals die ruhigste und positivste Kraft, die es in unserem Leben gab, und ihr Einfluss auf Fraser war immens.

Alle anderen Therapeuten und Ärzte mussten sich erst um Frasers Vertrauen bemühen, und manchmal konnte er sie einfach nicht leiden. Es gab einen Physiotherapeuten, der ihn nicht einmal berühren durfte, was eine Krankengymnastik natürlich unmöglich machte.

Nicht so Helen. Zu ihr fasste er vom ersten Tag an Vertrauen.

Das lag jetzt fast zwei Jahre zurück, und Helen arbeitete längst mit anderen Patienten. Aber als ich Fraser und Billy zusammen sah, musste ich unwillkürlich an sie denken. Zwischen den beiden schien dieselbe innige Verbundenheit zu existieren. Und diese Verbundenheit erblühte zunehmend, je mehr sich Billy bei uns einlebte. Nachdem er die erste Woche bei uns wohlbehalten überstanden hatte, fand Billy offenbar immer mehr Gefallen an seinem neuen Zuhause. Es war Sommer, und er verbrachte viel Zeit damit, den Garten sowie sämtliche Bäume und Sträucher in der Nachbarschaft zu erkunden. Zu unserer Überraschung übte das einen unmittelbaren Einfluss auf Fraser aus.

Er war bis dahin leider nie gern in den Garten gegangen. Vermutlich schüchterte das Gelände ihn ein, wohingegen ihm geschlossene Räume ein Gefühl der Sicherheit gaben. Für Chris und mich war das weniger schön. Das Haus hatte uns auf Anhieb gefallen, weil es nicht an der Straße lag, sondern von Natur umgeben war. Ein paarmal legten wir eine große Picknickdecke in den Garten und setzten Fraser darauf, damit wir alle zusammen das schöne Wetter genießen konnten. Aber er mochte dort nicht bleiben. Er schrie und brüllte, bis wir ihn zurücktrugen. Oder er krabbelte mühsam allein zurück und setzte sich auf die Veranda, wo er mit einem Rad seines hochgestellten Buggys spielte. Wieder einmal war er entschlossen, nicht das zu tun, was wir wollten, und er nahm große Mühen in Kauf, um sein Ziel zu erreichen.

Etwa drei Wochen nach Billys Ankunft entschieden Chris und ich an einem sonnigen Abend, uns noch ein bisschen nach draußen zu setzen. Das Wetter war herrlich, und die Sonne stand tief über dem Kiefernwald, der sich nach Osten erstreckte. Ein paar kostbare Minuten lang saßen wir dort und genossen die Ruhe. Fraser war im Haus und schaute fern. Pippa, die mittlerweile achtzehn Monate alt war, schlief bereits in ihrem Zimmer. Und Billy streifte irgendwo durch die Gegend. Alles war ruhig, nun ja, so ruhig, wie es in unserem Haushalt eben sein kann.

Wir hatten noch nicht lange draußen gesessen, als ich eine Gestalt auf der Veranda erblickte.

»Chris, sich nur!«, sagte ich und stieß ihn sanft an.

Fraser hatte sich offensichtlich vom Wohnzimmer bis dorthin geschleppt. Einen Moment lang saß er da, spielte mit dem Rad seines hochgestellten Buggys und verdrehte dabei den Kopf, als würde er den Garten absuchen.

Und dann begann er zu rufen.

»Billy, Billy.«

Chris und ich lächelten uns an.

Von seinem Blickwinkel aus konnte Fraser nicht den gesamten Garten überschauen, also zog er sich hoch und machte ein paar wackelige Schritte. Mit den Augen suchte er die Wiese und die Büsche nach seinem Freund ab.

»Billy, Billy, wo bist du?«, rief er immer wieder.

Chris wollte schon aufstehen und Frasers Decke holen, aber ich legte meine Hand auf seine und sagte ihm, er solle sich wieder hinsetzen.

»Warte noch einen Moment und lass uns schauen, was passiert«, schlug ich vor.

Plötzlich raschelte es in einem der Büsche neben unserem Haus. Billy tauchte auf und sah ziemlich verstrubbelt aus. An seinem Fell hingen Laub und winzige Zweige, und er wirkte ein wenig außer Atem. Er entdeckte Fraser und trottete sofort zu ihm.

Mittlerweile hatte Fraser es geschafft, die einzelne, flache Stufe hinunter zur Wiese zu steigen und ein paar Schritte auf dem Gras zu gehen. Das war sein Äußerstes, also kniete er sich ins Gras und wartete, bis sein Kumpel bei ihm war.

»Hallo, Billy«, begrüßte er ihn und verfiel dann flüsternd in die Geheimsprache, die er ihm gegenüber entwickelt hatte.

Jetzt ging Chris zu ihm hinüber und half ihm über die Wiese zu seiner ausgebreiteten Decke. Billy folgte natürlich.

Während der nächsten zwanzig Minuten lagen die beiden nebeneinander, schmusten und rangen im Licht der Abendsonne miteinander.

Für uns war es ein Segen, nicht nur, weil wir dadurch eine

dringend benötigte Verschnaufpause bekamen, sondern weil es bestätigte, was wir an den vorhergehenden Tagen beobachtet hatten.

In mancher Hinsicht war Fraser ein ganz normales Kind, vor allem reagierte er auf Anreize. Wenn er einen Grund bekam, etwas zu tun, standen die Chancen gut, dass er es auch tat. Billy hatte ihm ein weiteres Mal den Anreiz gegeben, aufzustehen und herumzulaufen. Es war schon häufiger vorgekommen, dass Billy in die Waschküche oder die Küche spaziert war, während Fraser vor dem Fernseher saß. Ohne großes Theater oder Protest war Fraser aufgestanden und seinem Freund gefolgt. Wenn wir Fraser gebeten hätten, in die Küche zu kommen, läge die Wahrscheinlichkeit, dass er es getan hätte, bei null. Aber die Tatsache, dass Billy sich dort aufhielt, konnte nur bedeuten, dass es dort irgendetwas Interessantes gab, also ging Fraser ihm nach.

Mittlerweile hatte es sich also so weit entwickelt, dass Fraser Billy in den Garten folgte. Für die meisten Eltern wäre das wieder nur eine Kleinigkeit, aber für uns war es bedeutsam.

An diesem Abend saßen wir bis zum Sonnenuntergang draußen im Garten.

»Hast du Liz schon eine E-Mail geschickt, um zu bestätigen, dass Billy bei uns bleibt?«, fragte Chris, während wir den blutroten Himmel im Westen betrachteten.

»Noch nicht«, antwortete ich.

»Solltest du aber«, sagte er und drückte meine Hand.

Kapitel 5

Der vergessene Schnürsenkel

Eines Morgens im August schnappte ich mir den Staubsauger und ging in Frasers Zimmer. Eine halbe Stunde vorher hatte ich ihn in der Kindertagesstätte abgeliefert, und da Pippa gerade nebenan auf dem Wohnzimmerteppich friedlich mit ihren geliebten Stapelbechern spielte, wollte ich den Moment nutzen, Frasers Bett zu beziehen und sein Zimmer gründlich sauber zu machen, bevor ich mich anschließend mit einer Tasse Tee belohnen würde.

Als ich jedoch sein Zimmer betrat und auf den Nachttisch schaute, löste sich jeglicher Gedanke an einen friedlichen Vormittag in Luft auf.

»O nein«, hörte ich mich sagen. »Er hat seinen Schnürsenkel vergessen!«

Frasers roter Schnürsenkel war seit gut anderthalb Jahren ein zentraler Bestandteil seines Lebens.

Natürlich haben die meisten Kinder irgendeinen Gegenstand, an dem sie besonders hängen, sei es eine Kuscheldecke oder ein Teddybär. Der Himmel weiß, wie sehr ich versucht habe, Frasers Interesse auf ein normales Spielzeug zu lenken, aber keine der Sachen, die ich ihm kaufte, faszinierte ihn so sehr wie dieser ausgefranste, 45 Zentimeter lange, verknotete Schnürsenkel. Er nahm ihn überallhin mit.

Er diente ihm als Abwehrmechanismus. Wenn er aufgeregt oder ängstlich war, wedelte Fraser mit dem Schnürsenkel wie mit einem Lasso. Dadurch schuf er um sich herum einen vermeintlich sicheren Bereich, in den nichts eindringen konnte. Dieses Verhalten ist bei autistischen Kindern recht verbreitet. Manche nennen es »Stimming«, als Abkürzung für selbststimulierendes Verhalten. Fraser dabei zuzuschauen war faszinierend. Ich bin sicher, dass es auf ihn eine geradezu hypnotische Wirkung ausübte. Wenn er dort stand und sein Lasso wirbelte, vergaß er die Welt um sich herum.

Es war bereits seine zweite Schnur. Der Vorgänger des roten Schnürsenkels war ein Plastikgurt von seinem Buggy, den Fraser ebenfalls immer bei sich getragen hatte. Auch bei unserem Besuch in Aberdeen hatte er diesen Gurt dabei, was die Experten dort faszinierte. Aber seit einiger Zeit galt seine Zuneigung dem längeren Schnürsenkel.

Mir war schleierhaft, wie er überhaupt darauf gekommen war. Ich wusste nur, dass er mit dieser Schnur so fest verbunden war wie mit einer Nabelschnur.

Als er anfing, mit dem Schnürsenkel zu spielen, war dieser noch viel länger. Chris und ich hatten etliche Knoten hineingemacht, damit er etwas kürzer wurde. Da Fraser den Schnürsenkel oft mit ins Bett nahm, wollten wir verhindern, dass er sich aus Versehen damit strangulierte. Noch mehr Angst hatten wir nur davor, dass er den Schnürsenkel verlieren könnte. Schließlich lösten die winzigsten Kleinigkeiten bei Fraser einen Tobsuchtsanfall aus. Ich wagte mir gar nicht vorzustellen, was passieren mochte, wenn er seinen Schnürsenkel nicht finden konnte.

Als ich den Schnürsenkel auf dem Nachtschrank liegen sah, bekam ich Panik. *Er wird ausrasten,* dachte ich.

Aber dann wich meine Panik einer anderen Überlegung. Wieso hatte er es nicht schon im Auto erwähnt? Aus irgendeinem Grund wollte Fraser den Schnürsenkel nicht mit in die Kindertagesstätte nehmen, sondern ließ ihn immer auf dem Rücksitz liegen. Wenn er Stunden später wieder ins Auto gesetzt wurde, musste der Schnürsenkel an exakt dieser Stelle liegen. Dass er an diesem Morgen nichts gesagt hatte, war äußerst seltsam.

Ich lief in die Küche und setzte den Wasserkessel auf, um mir einen Tee zu kochen und darüber nachzudenken. Langsam schwand meine Angst.

Denk nach, Louise. Angenommen, er wollte den Schnürsenkel wie immer mitnehmen und hat es vergessen, dann hätte sich das verdammt schnell bemerkbar gemacht. Fraser hätte einen Wutanfall bekommen, ich hätte zurückfahren müssen, um den Schnürsenkel zu holen. Aber nichts war passiert. Gar nichts.

Also entschied ich, nichts zu unternehmen, sondern abzuwarten. Vielleicht war der Schnürsenkel durch etwas anderes ersetzt worden. Fraser war schließlich immer für eine Überraschung gut. Möglicherweise hatte er einen neuen Abwehrmechanismus entwickelt oder eine andere Kordel gefunden, die er nun herumwirbelte. Es brachte nichts, zu spekulieren, also widmete ich mich wieder meiner morgendlichen Routine und räumte weiter auf.

Schließlich hatte ich genügend andere Probleme, über die ich mir den Kopf zerbrechen konnte. Uns war endlich ein Haus auf dem Gelände des Balmoral Estate angeboten worden, und wir sollten in wenigen Wochen umziehen. Schränke mussten ausgeräumt und Koffer gepackt werden. Überall im Haus standen Umzugskartons. Zum Glück würde meine Mum kommen und uns helfen, aber erst einmal war ich damit beschäftigt, den ganzen Plunder zu sortieren, der sich in den vergangenen zwei Jahren angesammelt hatte, vor allem in Frasers Zimmer.

Während ich dort saß und die Kisten mit Spielzeug sichtete, schüttelte ich immer wieder verwundert den Kopf, mit wie viel Spielsachen Chris und ich erfolglos versucht hatten, Frasers Interesse zu wecken.

Schon bevor wir eine offizielle Diagnose seiner Krankheit erhielten, hatte ich das Internet nach sensorischem Spielzeug für autistische Kinder durchforstet. Nichts davon hatte seine Aufmerksamkeit gefesselt. Einmal hatten Chris und ich den Boden des Kinderzimmers mit einem Teppich ausgelegt, auf dem Straßen, ein Krankenhaus, eine Feuerwehr und jede Menge andere Gebäude abgebildet waren. Unsere Überlegung bestand darin, dass Fraser viel Zeit auf dem Fußboden verbrachte und zahlreiche Autos hatte. Wir stellten uns vor, dass er dort saß, wie ein ganz gewöhnlicher Junge, und mit dem Feuerwehrwagen die Straße hinauf- und hinunterfuhr. Aber das tat er nicht. Wann immer wir in sein Zimmer kamen, saß Fraser auf dem Boden, hatte die Autos aufs Dach gelegt und drehte die Räder. Oder er ignorierte die Spielzeuge völlig und schwang seine verdammte Kordel. Es war entmutigend.

Nach einer Weile gab ich es auf, neue Spielsachen zu kaufen. Ich konnte einfach nicht einschätzen, was sein Interesse wecken würde. Manchmal brachte ich ihm aus Secondhandläden Kleinigkeiten mit und probierte es damit. Man konnte schließlich nie wissen.

Wir hatten seltsame Erfolge. Einer der besten Käufe war ein Rollbandmaß von Bob der Baumeister für 30 Pence. Fraser hatte es auf einem Wühltisch in einem Secondhandladen in Ballater selbst entdeckt. Er spielte stundenlang damit. Er saß einfach nur da, zog das Maßband heraus und ließ es wieder zurückrollen. Fraser liebte Mechanismen, die man endlos wiederholen konnte.

Die meisten seiner Spielsachen hatten sich jedoch als Reinfall entpuppt. Als ich an diesem Morgen sein Zimmer aufräumte, stieß ich zum Beispiel auf die Lavalampe mit den Plastikfischen, die ich ihm als sensorische Stimulation gekauft hatte. Ich hatte sie in die Ecke des Zimmers gestellt, zusammen mit ein paar interaktiven Spielsachen, die einer seiner Therapeuten zur Verbesserung von Frasers Koordination und Muskelbewegung empfohlen hatte. Aber er würdigte die Lampe und die Spielsachen keines Blickes. Und er saß so gut wie nie in dieser Ecke.

Als ich etwa eine Stunde später nach Ballater fuhr und Fraser abholte, hatte ich die Sache mit dem Schnürsenkel tatsächlich vergessen. Und Fraser erwähnte es auch nicht.

Erst als ich abends mit Chris redete, fiel es mir wieder ein. Ich sah den Anflug von Erschrecken in Chris' Gesicht, als ich ihm von meiner Entdeckung erzählte. Aber er war ebenfalls der Meinung, dass Fraser niemals in die Kita gegangen wäre, ohne zu wissen, wo sein Schnürsenkel war. Und als ich Fraser abends ins Bett brachte, lag der Schnürsenkel noch exakt an derselben Stelle auf dem Nachtschränkchen.

An diesem Abend legten wir uns verwirrt, aber nicht beunruhigt schlafen. Das war nun mal Frasers Welt. Wir hatten längst gelernt, stets mit dem Unerwarteten zu rechnen.

Oft gingen wir morgens in Frasers Zimmer und fanden die Kordel auf seinem Kissen, der Bettdecke oder auch auf dem Boden, nachdem er vor dem Einschlafen noch lange damit gespielt hatte. Aber an diesem nächsten Tag lag der Schnürsenkel immer noch auf dem Nachtschränkchen und am darauffolgenden Tag ebenfalls.

Am Wochenende wurde Chris und mir klar, dass Fraser einen wichtigen Entwicklungsschritt gemacht haben musste.

»Ich frage mich, was die Ursache dafür ist, dass er das Interesse an dem Schnürsenkel verloren hat?«, fragte Chris bei unserem üblichen Curry, das wir immer Samstagabends aßen.

»Vielleicht ist er im Moment weniger angespannt und braucht sie deshalb nicht«, sagte ich.

»Weniger angespannt? Sagen seine Therapeuten das auch?«

Leider nicht. Fraser besuchte seit Oktober 2010 die Kita, seit zehn Monaten also. Seine Therapeuten hatten uns das empfohlen, um Frasers Kommunikation und Sozialkompetenz zu fördern. Normale Einrichtungen kamen jedoch nicht in Frage, schon allein deshalb, weil er dort frühestens mit dreieinhalb aufgenommen werden würde. Wir bemühten uns vergeblich um Zuschüsse für den Besuch einer privaten Einrichtung. Schließlich fanden wir eine sehr gute Kita in Ballater und vereinbarten, dass Fraser zwei Tage in der Woche dorthin käme, das entsprach dem Mindestaufenthalt. Wir bezahlten für einen Tag pro Woche, und Chris' Eltern hatten sich netterweise bereit erklärt, den anderen Tag zu übernehmen. Die Mitarbeiter in der Kita schlossen Fraser ins Herz, und wenn auch nicht alles reibungslos lief, so war es doch eine nahezu perfekte Lösung. Nicht zuletzt, weil es mir jede Woche ein paar freie Stunden bescherte.

Natürlich konnten wir nicht behaupten, dass sich Fraser hundertprozentig einfügte. Die letzte professionelle Einschätzung, ein paar Wochen vor Billys Einzug, stammte von der Logopädin Marie. Sie hatte Fraser in der Kita besucht und geschrieben, dass er gute Fortschritte mache. Zwar sei seine Sprache immer noch typisch für einen Autisten, aber er habe angefangen, »hübsche Sätze« zu bilden, und er verwende nicht mehr ausschließlich einfache Wörter wie ja oder nein.

Ihrer Meinung nach sei es jedoch besorgniserregend, dass er sich von den anderen Kindern absondere und am liebsten allein sei. Und wenn er aufgeregt sei, würde er »vor und zurück schaukeln und sich die Ohren zuhalten«, eine Verhaltensweise, die uns vertraut war.

Und wenn Fraser von der Kita nach Hause kam, musste er sich immer noch durch das Wirbeln der Kordel beruhigen und der Welt entfliehen.

Chris hatte also recht. Es gab keinen offensichtlichen Grund, warum Fraser seinen Schnürsenkel plötzlich ausrangieren sollte.

Wir schwiegen eine Weile und hingen unseren Gedanken nach.

»Vielleicht hat er diese Phase überwunden«, sagte Chris schließlich.

»Mag sein«, antwortete ich.

»Lass uns doch mal logisch vorgehen. Was hat sich denn sonst noch in den vergangenen Monaten verändert?«

Die Stille wurde unterbrochen durch das Klappern der Katzentür an der Veranda. Und plötzlich kannten wir den Grund.

Wir sahen uns an und schüttelten gleichzeitig den Kopf.

»Nein.« Chris lächelte mich an, stand auf und ging zur

Veranda, um Billy ins Haus zu lassen, der von einer mehrstündigen Tour durchs Gelände zurückkehrte.

»Das kann nicht sein, oder?«

Chris sollte von mir aus so logisch und skeptisch sein, wie er wollte, doch für mich stand fest, dass Billy einen ganz besonderen Einfluss auf Fraser ausübte.

Billys Einzug bei uns fiel mit einer sehr bewegten Phase in unserer Familie zusammen. Sich um Fraser zu kümmern war ein 24-Stunden-Job, und Pippa wurde schnell groß. Sie machte mir viel Freude und brachte mich oft zum Lachen. Am liebsten saß sie in ihrem Lieblingsschaukelstuhl und schlief sogar darin ein, ein Bein über der Lehne und den Arm unter dem Kopf. Seit einiger Zeit besuchte ich mit ihr regelmäßig eine örtliche Krabbelgruppe, und sie war fasziniert von den anderen Kindern.

Hinzu kam, dass ich nebenbei den Umzug organisieren musste, der aber erstaunlich stressfrei ablief. Noch ein Jahr zuvor wäre das nicht möglich gewesen.

Ich war davon überzeugt, dass es zum Teil an Billys beruhigendem und positivem Einfluss auf Fraser lag. Allein die Tatsache, dass er Fraser ablenkte und mit ihm spielte, war Gold wert. Bei anderen Gelegenheiten schien er Frasers Zorn zu mäßigen. Seine Wutanfälle stagnierten auf der Skala jetzt immer öfter bei sechs, statt sich zu neun oder gar zehn auszuwachsen.

Ob Billys Einfluss sogar über diese augenscheinlichen Dinge hinausging, ließ sich nicht sagen. Aber *dass* er Einfluss auf Fraser ausübte, fiel nicht nur mir auf.

Ein paar Tage vor unserem Umzug kam meine Mum aus Essex angereist, um mir in dem bevorstehenden Chaos zur Seite zu stehen.

Eines Vormittags gönnten wir uns zur Belohnung eine wohlverdiente Tasse Kaffee. Die übliche Morgenroutine war erledigt. Wie immer war Chris als Erster aufgestanden und hatte Fraser sein Frühstück gegeben: Müsli und Toast mit Marmelade, in kleine Quadrate geschnitten, so, wie er es liebte. Danach aß Fraser noch einen Joghurt und trank verdünnten Orangensaft. Anschließend wurden ihm Hände und Mund abgewischt und das Lätzchen abgenommen. Jeden Morgen verlief diese Prozedur exakt gleich.

Es war einer der Tage, an denen Fraser nicht in die Kita ging. Er sah fern, spielte wie üblich auf dem Teppich und wirkte mit sich und der Welt zufrieden.

Mum saß in ihrem Lieblingssessel im Wohnzimmer, der ein bisschen höher war als das von mir bevorzugte Ledersofa. Billy war ebenfalls anwesend und lief umher. Alles war ruhig und friedlich. Das änderte sich schlagartig, als Billy entschied, dass er auf dem Schoß meiner Mum sitzen wollte.

Nun muss man wissen, dass meine Mutter Katzen aus dem Weg ging, seit einem Zwischenfall, als sie mit mir schwanger gewesen war. Und jetzt landete plötzlich eine Katze auf ihrem Bauch und jagte ihr einen Heidenschreck ein. Ihre Reaktion war also vorhersehbar.

Ich werde dieses Bild nie vergessen. Wie meine Mum im Pyjama in diesem Sessel saß, die Kaffeetasse in der Hand, und Billy im nächsten Moment auf ihr landete, eine Pfote auf ihrem Bauch, die andere in ihrem Kaffee.

Mum kreischte, die Tasse flog in die Luft, und der Kaffee spritzte in alle Richtungen.

Chaos brach aus. Mum versuchte hektisch, die Flecken wegzuwischen. Ich sprang auf, um sicherzugehen, dass sich niemand an dem Kaffee verbrannt hatte.

Am lebhaftesten ist mir jedoch Frasers Reaktion in Erinnerung geblieben. Er hatte auf der anderen Seite des Zimmers gesessen, in sicherer Entfernung von dem Kaffee. Skeptisch fragte ich mich, wie er wohl reagieren würde, als er plötzlich laut lachte.

Fraser nannte meine Mutter Cokey, weil sie ihm oft sein Lieblingslied *Hokey Cokey* vorsang.

»Billy ist in Cokeys Kaffee«, sagte er.

Ich wechselte einen Blick mit Mum, und wir brachen in schallendes Gelächter aus.

»Du hast recht, Fraser«, sagte ich.

»Ja, Billy ist in Cokeys Kaffee«, wiederholte er und lachte noch lauter.

Nur Billy war immun gegen das ansteckende Lachen, das sich im Zimmer verbreitete. Man sollte erwarten, dass er Reißaus genommen hätte, aber weit gefehlt. Er zog sich lediglich in eine Ecke zurück, wo er sich penibel sauberleckte.

»Das ist das Schöne daran, ein Haustier zu haben«, sagte meine Mum in der Küche, wo sie sich mit einem feuchten Tuch abrieb, während ich das Geschirr wegräumte.

»Wie meinst du das?«, fragte ich.

»Na ja, sie können eine Last sein, aber auch ein Lächeln in das traurigste Gesicht zaubern.«

Das stimmte. Noch vor zwölf Monaten war die Stimmung in diesem Haus gereizt und angespannt gewesen. Wir waren ständig nervös, warteten auf den nächsten unvermeidlichen Tobsuchtsanfall und versuchten, mit den jüngsten Entwicklungen in der Saga von Frasers Krankengeschichte zurechtzukommen. Es gab Zeiten, in denen Fraser jeden Funken Energie und Leben aus uns heraussaugte. Während dieser Phase habe ich ganz sicher nie so herzhaft gelacht. Dabei bin ich keineswegs humorlos!

Möglicherweise spielte mir mein Wunschdenken einen Streich, aber an diesem Morgen bildete ich mir zumindest ein, dass Chris und ich öfter gelächelt hatten, seit Billy bei uns wohnte.

Erst wenige Tage zuvor hatten wir ihn im Garten dabei beobachtet, wie er auf einen Baum kletterte und anscheinend nicht mehr herunterkam. Wir stellten uns schon vor, wie ihn die Feuerwehr dort herunterholte, da sprang Billy plötzlich von einem Ast herunter und landete sicher auf dem Dach eines Nebengebäudes.

»Wie zum Teufel hat er das geschafft?«, fragte Chris und grinste breit.

Und mit der Kaffeeeinlage an diesem Morgen war es Billy gelungen, uns alle zum Lachen zu bringen.

Chris würde nur missbilligend den Kopf schütteln, wenn ich es laut aussprach, aber er konnte mich nicht davon abhalten, es zu denken.

Diese Katze hatte etwas Besonderes, etwas Magisches an sich.

Kapitel 6

Neue Ufer

Im August 2011 wurde unser Hab und Gut in einen Möbelwagen geladen, Chris und ich setzten die Kinder in unseren vollgestopften Wagen und quetschten die Transportkisten mit den Katzen in die letzten freien Winkel. Dann fuhren wir sechs Meilen nach Westen zu dem kleinen Dorf Easter Balmoral am Rand des Balmoral Estate. Es war unsere vierte Adresse in drei Jahren. Aber dieses Mal hatte ich das Gefühl, endlich das Zuhause gefunden zu haben, in dem Fraser und Pippa den Rest ihrer Kindheit verbringen konnten.

Alles in allem war die Verwaltung sehr großzügig und verständnisvoll hinsichtlich unserer schwierigen Situation mit Fraser gewesen. Mehr Entgegenkommen konnte man von einem Arbeitgeber nicht erwarten. Chris durfte sich immer wieder spontan freinehmen, um ins Krankenhaus zu fahren oder mir bei einer von Frasers Krisen zur Seite zu stehen.

Unsere neue Bleibe war zweigeschossig und hatte drei Schlafzimmer. Es befand sich an einem idyllischen Fleckchen, das von allen auf dem Estate nur als »das Dorf« bezeichnet wurde. Die Siedlung aus etwa zwanzig Häusern, einige modern und andere aus dem 19. Jahrhundert, lag nur ein paar hundert Meter von dem Torhaus entfernt, in dem wir drei Jahre zuvor gelebt hatten. Nachdem ich alles ausgepackt und den Teekessel auf den Herd gestellt hatte, fühlte ich mich bereits zu Hause und konnte mir nicht vorstellen, hier so bald wieder wegzuziehen.

Das Gebäude war modern und hell und hatte zwei hübsche Kinderzimmer. Die Rasenfläche hinter dem Haus war von einem niedrigen Zaun umgeben. In der Siedlung gab es noch weitere Familien. Die Kinder hatten hier genug Platz, um draußen herumzutollen oder Rad zu fahren, und neben der Straße, die hinter den Häusern verlief, schlängelte sich ein Fluss durchs Gelände. Und natürlich boten die Außenanlagen des Balmoral Estate viele Möglichkeiten zum Spielen und Auskundschaften.

Spaziergänge waren während der ersten Wochen in unserem neuen Heim jedoch kein Thema, da die Queen wie jedes Jahr im August und September in Schloss Balmoral weilte und es hektisch zuging. Während des restlichen Jahres war es aber entspannt, trotz der Touristen, die mit Bussen anreisten und durchs Gelände spazierten. Aber wenn die Queen anwesend war, standen an jeder Ecke Polizisten, Range Rover mit getönten Scheiben und Sicherheitsleute. Sogar wir mussten unseren Ausweis vorzeigen, wenn wir zum Haus wollten oder das Anwesen verließen.

Während dieser Zeit hatte Chris sehr viel zu tun. Er sagte immer, dass während dieser beiden Monate eine völlig andere Atmosphäre im Schloss herrsche. Im übrigen Jahr konnte er sich die Arbeit selbst einteilen, die Elektrik warten und Reparaturen durchführen. Aber sobald der Hofstaat dort residierte, musste er rund um die Uhr auf Abruf bereitstehen.

»Das ist nun mal mein Job«, sagte er achselzuckend nach einem weiteren Marathontag, an dem er Faxgeräte repariert und für ein Mitglied des königlichen Haushalts ein provisorisches Büro verkabelt hatte.

Es war eine bizarre kleine Welt. Wir lebten wie in einer Luftblase. Auf Balmoral und in Ballater zuckte niemand auch nur mit der Wimper, wenn wir erwähnten, dass Chris für die königliche Familie arbeitete. Das galt für viele Menschen hier. Das Königshaus war in dieser Gegend einer der wichtigsten Arbeitgeber, und das schon seit mehr als einem Jahrhundert. Die örtlichen Geschäfte waren im Laufe der Zeit zu Hoflieferanten geworden, und die Royals waren Teil der hiesigen Gemeinde, gehörten zur großen Deeside-Familie.

Aber sobald wir Schottland verließen und Freunde oder Familie in England besuchten, änderten sich die Reaktionen. Alle waren davon fasziniert, dass Chris für die Queen arbeitete, und man löcherte uns nach ein bisschen Tratsch und Klatsch. Er behauptete natürlich stets, es gäbe nichts zu erzählen. So war er nun mal. Natürlich hatte er in Wahrheit jede Menge Geschichten auf Lager, von denen einige unglaublich lustig waren. Aber Chris war zu professionell und zu verantwortungsbewusst, um etwas auszuplaudern.

Die Leute nahmen natürlich an, dass auch ich jede Menge Geschichten erzählen könnte. Wenn ich erwähnte, wie sehr ich es liebte, in den Anlagen des Schlosses spazieren zu gehen, dachten alle, ich würde jeden Morgen der Queen oder dem Duke of Edinburgh begegnen. In Wahrheit bestand mein einziger Kontakt zur königlichen Familie in dem Besuch der Party, die sie ab und zu für die Angestellten veranstaltete.

Wir lebten uns schnell in dem neuen Haus ein. Chris wusste die zusätzlichen Minuten zu schätzen, die er morgens länger im Bett bleiben konnte. Der kurze Weg zur Arbeit erwies sich vor allem in den dunklen Wintermonaten als Segen. Pippa war glücklich in ihrem neuen Kinderzimmer, umgeben von all ihren Spielsachen. Sie war mittlerweile neun Monate alt und lag oft in ihrem Gitterbettchen, betrachtete das Mobile, lachte und gluckste vor sich hin.

Für Fraser stellte der Umzug erwartungsgemäß die größte Herausforderung dar. Er hatte nun ein Zimmer im ersten Stock, was natürlich ein Problem darstellte. Mit seinen Schienen konnte er mittlerweile ganz gut laufen, aber Treppensteigen war nach wie vor nahezu unmöglich. Wenn Chris oder ich nicht dabei waren, rutschte er auf seinem Po die Treppe hinunter oder krabbelte nach oben.

Dieses Problem stand auf meiner To-do-Liste weit oben. Ich dachte an spezielle Geländer, die Fraser helfen sollten, sich durchs Haus zu bewegen und die Treppe zu bewältigen. Aber noch gab es so viel anderes zu tun.

Als Erstes musste Fraser an die neue Atmosphäre gewöhnt werden. Auf dem Estate ging es lebhafter zu als in unserer vorherigen Umgebung – auch während der zehn Monate, in denen die Queen nicht im Schloss wohnte. In Anbetracht Frasers Abneigung gegenüber Fremden würde das unvermeidlich zu schwierigen Situationen führen. Aber zumindest waren das Probleme, mit denen wir umgehen konnten.

Als wir noch im Torhaus wohnten, hatte er äußerst sensibel auf Menschen reagiert, die sich über seinen Kinderwagen beugten, wenn wir spazieren gingen. Er war ein süßes Kind, und die Leute reagierten verzückt.

Aber Fraser mochte dieses Eindringen in seinen Raum nicht und konnte richtig hysterisch werden. Er wandte den Kopf ab und begann laut zu schreien. Als er noch sehr klein war, fiel das nicht sonderlich auf. Babys weinen nun mal. Aber je älter er wurde, desto peinlicher waren mir diese Situationen und umso schwieriger wurde es, sie zu bewältigen. Mehr als einmal entschuldigte ich mich bei erstaunten Touristen, die nicht wussten, wie ihnen geschah, und lief so schnell wie möglich nach Hause, damit sich Fraser wieder beruhigte.

Mittlerweile war es nicht mehr ganz so schlimm, aber es kam immer noch vor. Deshalb überlegte ich sorgfältig, wann ich mit ihm und Pippa spazieren ging, und mied die Tageszeiten, zu denen besonders viele Besucher auf dem Gelände waren.

Noch problematischer waren Menschen, die in unser Haus kamen. Damit hatte Fraser noch nie umgehen können. Wenn der Paketbote an der Tür klingelte, versetzte das Fraser in große Unruhe. Nicht selten hielt er sich die Ohren zu und weinte, weil er fürchtete, ein Fremder käme ins Haus und würde ihm etwas antun.

Bevor ich an die Tür ging, musste ich ihn jedes Mal beruhigen, dass niemand das Haus betreten würde und alles in Ordnung sei. Allerdings wollte er nicht für einen einzigen Moment allein bleiben, was die Situation zusätzlich erschwerte. Denn wenn ich ihn mitnahm, um die Haustür zu öffnen, konnte er einem Fremden begegnen und sich womöglich noch mehr aufregen.

Sein Therapeut meinte, das habe mit der Atmosphäre im Haus zu tun, die sich veränderte, sobald sich eine weitere Person darin aufhielt. Deshalb beeinflusste es seine Stimmung sogar, wenn jemand zu Besuch gewesen war. Noch Stunden danach verhielt sich Fraser auffallend ruhig und distanziert, war schwierig im Umgang mit mir. Deshalb achtete ich darauf, ihn stets vorzuwarnen, wenn wir jemanden erwarteten.

Zugegeben, dieses Problem hatte während der vergangenen 18 Monate ein wenig nachgelassen, seit seine Therapeuten regelmäßig zu uns kamen. Außerdem war die Hebamme oft bei uns, um nach Pippa zu sehen. Aber Fraser reagierte nach wie vor empfindlich, wenn seine Routine durch irgendetwas gestört wurde. In unseren bisherigen Häusern war das seltener vorgekommen. Hier auf dem Estate passierte es jedoch häufig, dass ein Nachbar oder jemand von den Angestellten im Schloss bei uns klingelte.

Das war die schlechte Nachricht. Die gute bestand darin, dass wir nun Billy hatten, der Fraser beruhigte.

Und niemand war glücklicher über die neue Bleibe als Billy. Balmoral war landschaftlich viel interessanter als Ballater. Es lag in einer atemberaubenden Heide- und Moorlandschaft, umgeben von Wäldern und Flusstälern. Billy kletterte gern auf Bäume. Eines Tages spielte Fraser auf dem Trampolin, das wir für ihn in den Garten gestellt hatten. Er war wegen seiner Muskelschwäche nicht in der Lage, auf und ab zu hüpfen, aber er ließ sich vorsichtig fallen und zog sich dann mit Hilfe des von oben herabhängenden Haltegriffs wieder hoch.

Er hatte sich gerade wieder hingestellt, als er plötzlich nach oben zeigte und lächelte.

»Da ist meine Katze«, sagte er.

Ich schaute hoch und bekam den Schreck meines Lebens. Billy war dabei, einen riesigen alten Baum immer weiter nach oben zu klettern. Schon bald befand er sich etwa fünfzehn Meter hoch in den Ästen.

»Billy, was zum Teufel tust du da?«, rief ich.

Ich stand wie angewurzelt und fragte mich mit klopfendem Herzen, wie er da wieder hinunterkommen sollte. Vor meinem geistigen Auge tauchten schreckliche Bilder auf, dass er in den Fluss stürzte und vom Wasser weggerissen wurde – und Fraser würde alles mit ansehen. Aber derartige Gedanken waren lächerlich, denn Billy war ganz in seinem Element. Er hätte nicht glücklicher sein können, wie er dort oben auf einem Ast hockte und auf Fraser hinunterblickte, als würde er ihn bewachen. Und natürlich brauchte ich nicht die Feuerwehr zu alarmieren. Nach einer Weile flitzte Billy den Stamm souverän ein ganzes Stück hinunter und sprang aus etwa vier Metern Höhe auf das Dach eines kleinen Holzschuppens. Als ich ihn durch die Luft fliegen sah, blieb mir für den Bruchteil einer Sekunde das Herz stehen. »Diese Katze bringt mich noch ins Grab«, sagte ich leise zu mir selbst.

Die Balmoral-Landschaft bot uns allen neue Anreize, aber vor allem für Billy eröffnete sich ein ganzer Kosmos. Während der ersten Wochen tauchte er ein paarmal auf der Veranda auf und hatte etwas im Fell hängen, das aussah wie Miniatur-Tannenzapfen. Er musste durch die angrenzenden Wälder gestreift sein. Oft blieb er Stunden weg, aber wir – und glücklicherweise auch Fraser – bekamen es kaum mit.

Es war mir ein Rätsel, woher Billy wusste, wann er gebraucht wurde und wann nicht. So sah man an den beiden Wochentagen, die Fraser in Ballater in der Kita verbrachte, nicht die geringste Spur von ihm. Morgens war er immer zur Stelle, wenn Fraser aufstand und frühstückte und es leicht passieren konnte, dass er sich aufregte. Aber danach verschwand Billy nach draußen und tauchte erst wieder auf, wenn Fraser nach Hause kam. Er schien sogar zu wissen, zu welcher Uhrzeit wir zurückkamen, denn etliche Male stand er am Tor und wartete, dass wir mit dem Auto durchfuhren. Fraser begann dann jedes Mal zu strahlen.

»Mein Billy wartet auf mich«, sagte er.

Billy war auch immer in der Nähe, wenn es für Fraser Zeit war, ins Bett zu gehen. Er lag dann am Fußende auf Frasers Bett, bis dieser eingeschlafen war. Manchmal blieb er die ganze Nacht dort liegen, aber meistens schlich er die Treppe hinunter und legte sich entweder in sein Körbchen oder verschwand durch die Katzenklappe nach draußen. Bevor Chris und ich schlafen gingen, war er jedoch stets zurück. Er schien zu wissen, wann die Tür zur Veranda abgeschlossen wurde, und achtete darauf, zu diesem Zeitpunkt wieder zu Hause zu sein.

Besonders beeindruckend war, dass er einen sechsten Sinn zu haben schien, was Fraser betraf. Wenn sich Fraser über etwas aufregte, tauchte Billy wie durch Zauberhand in seiner Nähe auf.

Kurz nachdem wir hergezogen waren, erlebten wir eines Abends ein besonders eindrucksvolles Beispiel dafür.

Baden stellte für Fraser schon immer ein Problem dar. Er mochte es offenbar nicht, von Wasser umgeben zu sein.

Wenn ich ihn als Baby badete, hätte man meinen können, er würde in siedendes Wasser getaucht, denn er lief im Gesicht krebsrot an. Aber das kam nicht vom Wasser, sondern vom vielen Schreien.

Haarewaschen war noch schlimmer. Er hasste es mehr als alles andere auf der Welt – was bei ihm etwas heißt.

Es wurde so schlimm, dass ich nicht mehr die Energie dafür aufbrachte, vor allem nach einem anstrengenden Tag. Chris bemühte sich, zu helfen, aber öfter als einmal pro Woche war auch er nicht bereit, sich auf diesen Horrortrip zu begeben. Mir war klar, dass ich Fraser öfter hätte baden müssen, und da draußen gibt es bestimmt viele Mütter, die mein Verhalten kritisiert hätten – wenn sie es gewusst hätten. Aber in diesem Punkt zog ich es vor, anderen nicht die Wahrheit zu sagen. In meiner Situation hätten sie sich vermutlich genauso verhalten. In den 18 Monaten seit der offiziellen Diagnose war es etwas besser geworden, dank eines Plastiksitzes, der Fraser in der Badewanne mehr Halt gab. Es war das gleiche Problem wie immer: Da Fraser allein nicht genug Kraft hatte, im Wasser aufrecht zu sitzen, fühlte er sich in der Wanne unsicher. Bisher hatte einer von uns ihn immer gestützt, und der andere hatte ihn gewaschen. Der Plastiksitz gab Fraser die Sicherheit, nicht nach hinten zu kippen, so dass er das Baden nun beinahe genießen konnte – natürlich nur, bis es ans Haarewaschen ging.

Wie bei allen Wutanfällen, war es auch hier schwer, ihn zu beruhigen, wenn er erst einmal an den »finsteren Ort« gegangen war, wie ich es nannte. Wir brauchten abends nur anzusprechen, dass er noch baden und sein Haar gewaschen werden musste, da lag er auch schon schreiend und starr vor Angst auf dem Boden. Es brachte nichts, ihm zu versprechen, dass er doch nicht baden würde, er ließ sich nicht einmal den Schlafanzug anziehen und ins Bett bringen. Dies konnte sich leicht über drei Stunden hinziehen. Wir gingen dazu über, Baden und Haarewaschen zu trennen, mit mäßigem Erfolg.

Eines Abends, kurz nach unserem Umzug, machten Chris und ich uns an die wöchentliche Prozedur. Wir hatten es geschafft, Fraser in die Badewanne zu setzen, aber aus irgendeinem Grund schrie er plötzlich. »Nein, nein, nein«, und: »Fass nicht meine Haare an.« Dabei bedeckte er den Kopf mit den Händen. Chris und ich kannten die Zeichen nur zu gut. Das würde ein Tobsuchtsanfall der Stärke elf werden.

»Es ist sinnlos«, sagte Chris erschöpft nach fünf Minuten, in denen wir eigentlich nur versucht hatten, nicht völlig nass zu werden. »Heute bringt das gar nichts, lass ihn uns aus der Wanne heben.«

Ich wollte zustimmen. Schon allein deshalb, weil ich befürchtete, unsere Nachbarn würden die Polizei rufen. Außerdem konnte Pippa bei dem Geschrei Angst bekommen, und sie fing womöglich ebenfalls an zu weinen. Ich griff nach Frasers Handtuch, als ich Billy im Badezimmer sah.

»Was machst du denn hier?«, fragte Chris überrascht. Meines Wissens hatte Billy noch nie das Badezimmer betreten, weder hier noch in unserem alten Haus in Ballater.

Es war ihm offenkundig egal, was wir darüber dachten. Er wollte einfach nur zu seinem Freund und setzte sich neben die Badewanne.

Chris und ich hielten immer noch den strampelnden Fraser fest, rutschten aber ein Stück zur Seite, damit Billy Platz hatte. Dann beobachteten wir ungläubig, wie er die Vorderpfoten auf den Badewannenrand stellte, sich zu seiner ganzen Länge streckte und seinen Kopf über das Wasser reckte, damit er so nah wie möglich bei Fraser war.

Fraser schrie und strampelte, aber wie immer ließ sich Billy davon nicht irritieren. Er tat das Gleiche wie sonst, ging möglichst nah an Fraser heran und verharrte dort.

Schon bald war er nass bis auf die Haut. Als Schaum auf seiner Nase landete, wischte er ihn mit der Pfote fort. Billy wich nicht von der Stelle, bis sich Fraser beruhigte. »Sieh mal, Billy macht es gar nichts aus, wenn sein Haar nass wird, wieso sollen wir nicht auch deines waschen?«, ergriff Chris die Gelegenheit.

Fraser sagte nichts, was Zustimmung signalisierte.

Behutsam schäumte Chris Frasers Haare ein, während ich eine Plastikkanne bereithielt, um es auszuspülen.

Diesen Teil hasste Fraser am meisten. Er fürchtete sich vor dem Duschkopf, deshalb nahmen wir die Kanne, aber auch das war eine Herausforderung, und ich wappnete mich innerlich. Billy verharrte immer noch an derselben Stelle.

Vorsichtig begann ich, das Shampoo auszuspülen. Fraser ließ es nicht nur zu, sondern unterstützte mich sogar, indem er den Kopf nach hinten neigte.

Wäre ich ein gläubiger Mensch, hätte ich laut Halleluja gesungen.

»So, fertig. War doch gar nicht so schlimm. Oder, Fraser?«, sagte Chris mit dem Handtuch in der Hand.

Kaum hatten wir Fraser aus der Wanne gehoben und in das Badetuch gewickelt, da lief Billy hinüber in Frasers Zimmer, bereit für die nächste Etappe. Er kannte ihn schon lange genug, um zu wissen, dass Fraser heute Abend länger brauchen würde, um zur Ruhe zu kommen. Offenbar spürte er, dass seine Anwesenheit entscheidend dazu beitrug, dass Fraser schon nach zehn Minuten einschlafen würde und nicht erst nach einer Stunde.

Normalerweise hätte ich mich vermutlich nicht gerade über die Abdrücke nasser Katzenpfötchen im Flur und ein feuchtes Fellknäuel in Frasers Bett gefreut, aber in diesem Moment war mir das egal. Ich holte sogar ein zusätzliches Handtuch, um Billy trockenzurubbeln und dabei ein bisschen zu knuddeln.

Wenn es jemand verdient hatte, dann er.

»Was täten wir nur ohne dich?«, sagte ich und rubbelte ihn liebevoll mit dem Handtuch ab.

Kapitel 7

Verfahren abkürzen

Ein paar Wochen nach unserem Umzug ins »Dorf«
saß ich abends im Wohnzimmer und blätterte durch
die jüngsten Eintragungen in Frasers Kita-Tagebuch.
Die Erzieherinnen hielten darin fest, womit sich Fraser
in der Kita beschäftigte und wie er sich verhalten hatte.
Bei dem ganzen Umzugschaos hatte ich während der
vergangenen Wochen nur einen flüchtigen Blick in das
Tagebuch werfen können.

Deshalb fiel mir erst jetzt ein Eintrag auf, der von Mitte
August stammte, dem Zeitpunkt unseres Umzugs. Eine
der Erzieherinnen hatte notiert, dass Fraser aus einer
Tasse getrunken hatte.

Für die meisten Mütter wäre das kaum der Rede wert
gewesen, aber ich horchte auf. Tassen stellten für Fraser
von jeher ein Problem dar. Nicht nur Form und Farbe waren entscheidend, sondern auch, wie er daraus trank. Das
hing mit seiner Muskelschwäche zusammen. Es fiel ihm
schwer, die Tasse kontrolliert an den Mund zu führen, er
umklammerte sie mit beiden Händen. Um ihm das Trinken zu erleichtern, besorgte ich einen Schnabelbecher.
Fraser gewöhnte sich daran und weigerte sich seither, aus
einer normalen Tasse zu trinken. Bisher zumindest.

Das ist interessant, dachte ich und schrieb einen Kommentar in die Spalte für die Anmerkungen der Eltern.

Neugierig blätterte ich zurück, um zu sehen, ob ich noch etwas Interessantes verpasst hatte. Die Eintragungen machten deutlich, dass es ihm in der Kita gefiel, er nahm am Singkreis teil, half im Garten und war sogar bei einem kurzen Spaziergang dabei gewesen.

Eine andere Eintragung sprang mir förmlich entgegen. Sie stammte vom 28. Juni, dem Tag nach Billys Ankunft. »Nachdem Fraser vom Spielen hereinkam, hat er sich allein die Hände gewaschen«, stand dort.

Fraser besaß viele Eigenarten, an die man sich in der Kita hatte gewöhnen müssen, und seine Abneigung gegen das Händewaschen gehörte dazu. Deshalb reinigten ihm die Betreuerinnen die Hände immer mit Feuchttüchern, wenn er mit Farbe gespielt oder sich auf andere Weise schmutzig gemacht hatte. Wenn er sich tatsächlich allein die Hände gewaschen hatte, dann war das ein weiterer Durchbruch.

Chris hatte einen anstrengenden Tag hinter sich und sah sich im Fernsehen die Nachrichten an.

»Chris, in der Kita tut sich etwas mit Fraser«, sagte ich. Er runzelte die Stirn.

»Was für eine Art von etwas?«, fragte er.

»Keine Sorge, es ist kein Problem. Im Gegenteil«, fügte ich rasch hinzu. »Sieh dir mal die Einträge an, die ich markiert habe.« Ich reichte ihm das Buch.

»Hm. Interessant, dass er solche Dinge plötzlich von allein tut«, sagte Chris. »Aber so ist es bei ihm nun mal, stimmt's? Er tut es, wenn er dazu bereit ist.«

»Aber hast du das Datum der ersten Eintragung gesehen?«

»Was ist damit?«, fragte Chris.

»Das war, einen Tag nachdem Billy zu uns kam.«

Er schenkte mir wieder einen dieser leicht missbilligenden Blicke, die mir allmählich vertraut waren.

»Das ist Zufall, Louise. Bestimmt liegt es an der Kita. Fraser wäscht sich nicht allein die Hände, nur weil er eine Katze bekommen hat.«

Ich verkniff mir die Antwort. Wie hätte ich es denn beweisen, geschweige denn erklären sollen? Aber jeder Instinkt meines Körpers sagte mir, dass ein Zusammenhang bestand.

Als ich Fraser ein paar Tage später wieder in die Kita brachte, nutzte ich die Gelegenheit zu einem Gespräch mit Cath, der Leiterin. Ich wollte nachhören, ob ihr in den vergangenen Wochen irgendeine Veränderung an Fraser aufgefallen war.

Cath war stets eine Hilfe. Ehrlich gesagt weiß ich nicht, was wir ohne sie getan hätten.

Als wir Frasers Diagnose erhielten, war uns schleierhaft, welche Schule überhaupt für ihn in Frage kommen würde. Empfohlen hatte man uns eine Schule in Aboyne, in der Kinder mit psychischen und physischen Erkrankungen oder Behinderungen zusammenkamen. Man war dort bestens ausgestattet, aber unser Gefühl sagte uns, dass es nicht die richtige Schule für Fraser war. Zum einen hätten wir 16 Meilen hin- und wieder zurückfahren müssen, was bedeutet hätte, jeden Tag mindestens eine Stunde im Auto zu verbringen. Darüber hinaus war es keine Schule speziell für autistische Kinder, und ich war nicht sicher, ob er dort ausreichend gefördert werden konnte. Die einzige Schule dieser Art lag im Norden von Schottland, in der Nähe von Stonehaven. Wir spielten sogar mit dem Gedanken, umzuziehen.

Aber das hätte neben dem Umzug eine Menge anderer Veränderungen mit sich gebracht, nicht zuletzt einen Jobwechsel für Chris.

Zum Glück wurde Fraser erst mit fünfeinhalb eingeschult, da er einen Tag nach dem Stichtag, dem 28. Februar, Geburtstag hatte. Das verschaffte uns ein weiteres Jahr zum Überlegen. Für die Zwischenzeit mussten wir jedoch einen Kindergarten finden.

Chris und ich sahen uns jede Menge Einrichtungen an, viele davon privater Natur. Glücklicherweise befand sich die Kita, die uns am besten gefiel, in Ballater.

Die Kita lag nicht nur relativ nah, sondern hier war Fraser wirklich gut aufgehoben. Das lag zum großen Teil an Cath.

Sie hatte einen fünfzehnjährigen Sohn, bei dem im Alter von fünf Jahren Autismus diagnostiziert worden war. Ich beschrieb ihr Frasers Eigenarten, von denen ihr viele bekannt waren. Zum Beispiel liebte er es, die Farben der Autos zu nennen, die uns während der Fahrt entgegenkamen.

»Das hat mein Sohn auch getan. Bald kommt die Automarke hinzu«, sagte sie und behielt recht.

Da sie viel Erfahrung mit Autismus hatte, konnte sie einigen Problemen sogar zuvorkommen. Zum Beispiel wusste sie, dass sich Fraser gern von anderen Kindern absonderte, deshalb richtete sie ihm eine »ruhige Ecke« ein, in die er sich zurückziehen konnte, wenn er sich von den Eindrücken um ihn herum überwältigt fühlte. Sie hatte Bücher und Spielzeuge mit Rädern zum Drehen dort deponiert. Für Fraser war diese Ecke ein perfekter Zufluchtsort, den er häufig nutzte.

Als ich Cath auf die Tagebucheintragungen ansprach, lächelte sie.

»Wir haben uns alle darüber gefreut. Fraser hatte an dem Tag im Garten gespielt, und als er wieder hereinkam, ging er sofort zum Waschbecken und drehte den Hahn auf«, erzählte sie mir.

»Tatsächlich?«, fragte ich ungläubig, denn das war angesichts seiner Muskelschwäche eine echte Kraftanstrengung.

»Er nahm die Seife, wusch sich die Hände und trocknete sie ab«, fuhr sie fort. »Er zieht sich auch nicht mehr so oft in seine ruhige Ecke zurück. Ehrlich gesagt habe ich ihn schon seit Wochen nicht mehr dort gesehen.«

»Wann fing das an?«, fragte ich.

»Vor etwa sechs Wochen«, antwortete sie.

»Erwähnt er je seine Katze?« Ich musste das einfach fragen.

»Billy?«, fragte Cath. »Fraser redet von nichts anderem. ›Billy ist auf einen Baum geklettert‹, ›Billy ist in Omas Kaffee gesprungen‹, ›Billy macht Quatsch‹. Er erzählt uns alles über seinen Billy.« Sie lächelte.

Das war für mich die Bestätigung, nach der ich gesucht hatte, und ich fuhr beschwingt nach Hause. Vermutlich würde mir niemand glauben, aber irgendetwas ging vor – und es war etwas sehr Positives.

Fraser, Chris und ich waren nicht die Einzigen, die von Billy profitierten. Die Ruhe, die Billy in unser Haus brachte, half mir auch bei Pippa. Sie war in vieler Hinsicht völlig anders als Fraser, ihre Geburt jedoch war ähnlich dramatisch verlaufen.

Als ich im Frühjahr 2010 erneut schwanger wurde, freuten wir uns sehr. Natürlich tauchte sofort die bange Frage auf: Würden wir noch ein Kind mit Autismus bekommen? Die Wahrscheinlichkeit, wenn man bereits ein autistisches Kind hat, steigt erheblich, sie liegt dann etwa bei 1:20 statt bei 1:5000.

Deshalb entschieden wir uns zu einem speziellen Ultraschall in der 22. Schwangerschaftswoche, bei dem man das Geschlecht des Kindes erkennen kann. Bei einem Jungen hätten wir uns darauf einstellen müssen, dass auch er wahrscheinlich autistisch war, da Autismus bei Jungen wesentlich verbreiteter ist als bei Mädchen.

Chris und ich fuhren nach Aberdeen und waren auf alles gefasst. Wie sich herausstellte, bekamen wir aber ein Mädchen. Wir freuten uns, nicht nur wegen des verringerten Risikos, sondern auch, weil wir es schön fanden, einen Jungen und ein Mädchen zu haben.

Ich sprach mit den Ärzten, und nach der schwierigen Geburt von Fraser entschied ich mich für einen Kaiserschnitt. Er war für den 24. November geplant, aber dann bekam ich wieder eine Schwangerschaftsvergiftung, noch schlimmer als bei Fraser, und Pippa musste geholt werden.

Das Ärzteteam brauchte sechs Versuche, bis die PDA endlich wirkte. Und nach der Geburt hätten sie mich beinahe verloren. In dem einen Moment hatte ich meine neugeborene Tochter im Arm, im nächsten Augenblick übergab ich mich und bekam Krämpfe. Mein Blutdruck ging derartig in die Höhe, dass vorsichtshalber ein Notfallteam samt Wiederbelebungs-Trolley bereitstand.

Ich weiß noch, dass ich eine der Schwestern fragte: »Werde ich wieder gesund?«

»Ich weiß es nicht«, antwortete sie, und es war vermutlich gut, dass ich in dem Moment das Bewusstsein verlor. Mein Arm war danach von den vielen Injektionen zerstochen wie ein Nadelkissen, und ich wurde über Schläuche versorgt. Der arme Chris musste alles mit ansehen.

Fraser befand sich zu diesem Zeitpunkt im Zentrum seines eigenen Dramas. Meine Mutter war angereist und kümmerte sich um ihn. Sie war mit ihm allein zu Hause. An dem Tag, als Pippa auf die Welt kam, öffnete sie einem Paketboten die Haustür, trat hinaus und ließ die Tür offen stehen. Fraser sah den Paketboten, bekam Angst und schloss die Tür – damit war meine Mutter ausgesperrt. Zu allem Überfluss hatte es an diesem Tag zu schneien begonnen, und draußen lag eine fünfzehn Zentimeter dicke Schneeschicht. Unversehens stand meine Mutter in Hausschuhen in einem Schneesturm. Sämtliche Türen und Fenster waren verschlossen.

Zu ihrem großen Glück kam ein Lieferwagen vorbeigefahren. Sie winkte ihn heran und bat den Fahrer, die Tür einzutreten. Fraser saß derweil ruhig im Wohnzimmer, sah fern und bekam von dem ganzen Drama nichts mit.

Als Chris anrief, um ihr die Neuigkeit von Pippas Geburt mitzuteilen, war meine Mutter erst seit zehn Minuten wieder im Haus und erholte sich von dem Zwischenfall.

»Sie klang recht ruhig«, erzählte mir Chris, nachdem er wieder bei mir war.

Eine unserer größten Sorgen bestand darin, dass Fraser seine Schwester nicht mögen würde. Aber diese Angst erwies sich zum Glück als unbegründet.

Als wir nach Hause kamen, war Fraser – gelinde gesagt –

desinteressiert. Er freute sich, mich zu sehen, schließlich waren wir zum ersten Mal für längere Zeit getrennt gewesen. Das war schön, denn normalerweise zeigte er kaum Gefühle. Pippa betrachtete er nur kurz in ihrer Wiege und ging dann weg. Die Kleine war ruhig und pflegeleicht, sie schlief sogar weiter, wenn Fraser einen seiner Wutanfälle bekam.

Für mich war Pippa ein Geschenk. Sie weinte so wenig, dass es mich schon fast wieder beunruhigte. Wenn sie Hunger hatte, wimmerte sie leise. Verglichen mit Frasers Geschrei war das der Himmel auf Erden.

Dennoch musste ich mich natürlich um sie kümmern, und ich beklagte mich oft darüber, dass mich Fraser derart mit Beschlag belegte.

Billy war auch in diesem Punkt eine Hilfe. Er beschäftigte Fraser, so dass mir mehr Zeit für Pippa blieb.

Frasers Fortschritte in der Kita entfachten in mir eine neue Entschlossenheit. »Schmiede das Eisen, solange es heiß ist«, sagte ich mir.

Eine Sache, die mir damals großes Kopfzerbrechen bereitete, war Frasers Schnuller. Kleine Kinder sind oft auf ihren Schnuller fixiert, das ist nicht ungewöhnlich. Allerdings wollte Fraser immer noch nicht darauf verzichten, und es musste ein ganz bestimmter Schnuller sein. Wehe, ich gab ihm den falschen Schnuller oder – schlimmer noch – wollte ihm den Schnuller aus dem Mund nehmen. Im Kindergarten war Fraser so gut wie nie ohne Schnuller, und auch sonst schob er ihn in den Mund, sobald er sich gestresst fühlte. In der Kita reagierte man zwar verständnisvoll, aber das war nicht überall der Fall.

Im Jahr zuvor hatte es zum Beispiel ein unangenehmes Erlebnis beim Einkaufen gegeben.

Fraser in den Supermarkt mitzunehmen war nie einfach gewesen. Sogar das kleine Lebensmittelgeschäft in Ballater stellte eine Herausforderung dar, die ich gern vermied.

Der Laden war eng und die Gänge so schmal, dass es schwierig war, mit dem Buggy zu manövrieren. Erstaunlicherweise weinte Fraser an jenem Tag nicht, was auch daran lag, dass er seinen Schnuller im Mund hatte. Ich atmete auf, denn vielleicht konnten wir diesen Einkauf ohne Drama hinter uns bringen. In dem Moment ging ein älterer Mann an uns vorbei und schüttelte missbilligend den Kopf. So etwas passierte öfter, wenn ich mit Fraser unterwegs war. Die Leute hielten ihn für zu alt, um noch im Buggy zu sitzen und einen Schnuller im Mund zu haben. Wenn ich für jeden missbilligenden Blick ein Pfund bekommen hätte, wäre ich eine reiche Frau. Was danach passierte, sprengte jedoch den Rahmen des Üblichen. Der alte Mann stand vor uns an der Kasse und bezahlte.

Ohne Vorwarnung drehte er sich um und sagte: »Den brauchst du nicht, du brauchst keinen Schnuller.« Er beugte sich vor und nahm Fraser den Schnuller aus dem Mund. Die Kassiererin war genauso fassungslos wie ich. Was dachte sich der Mann dabei? Für den Bruchteil einer Sekunde erstarrte ich. Der Mann legte den Schnuller auf die Theke und schlurfte hinaus. Die Kassiererin reichte mir den Schnuller mit einem entschuldigenden Achselzucken, aber es war zu spät.

Fraser schoss innerhalb von zwei Sekunden auf der Wutskala von null auf neun. Er schrie so laut, dass uns die anderen Kunden besorgte Blicke zuwarfen. Ich ließ meine Einkäufe zurück und eilte mit ihm zum Wagen, wo ich ihn etwa zehn Minuten lang beruhigen musste. Dieses Ereignis nahm mich derart mit, dass ich eine Weile nicht mehr in Ballater einkaufen ging. Außerdem begleitete mich Chris seither beim Einkaufen und blieb mit Fraser im Wagen. Dadurch blieben mir die vorwurfsvollen Blicke der anderen Kunden erspart.

Wenige Wochen bevor wir ins »Dorf« zogen, erreichte dieses Problem jedoch seinen Höhepunkt. Eines Morgens öffnete ich ein neues Paket Schnuller, nahm einen heraus und schob ihn Fraser in den Mund. Er spuckte ihn in hohem Bogen aus wie eine von einer Kanone abgefeuerte Kugel. Der Schnuller landete auf dem Küchenboden, und Fraser schrie.

»Was ist denn jetzt los?«, fragte ich Chris, der noch eine Tasse Tee trank, bevor er zur Arbeit musste.

Er zuckte mit den Schultern und zog ein Gesicht, als wolle er sagen: »Keine Ahnung.«

Da ich den Schnuller aus einem neuen Paket genommen hatte, nahm ich an, dass mit diesem Paket etwas nicht stimmte. Ich hatte noch eine angebrochene Schachtel im Schrank und gab Fraser daraus einen Schnuller. Erstaunlicherweise besänftigte ihn das sofort.

Ich machte mir ebenfalls eine Tasse Tee und setzte mich dann hin, um die Schnuller zu vergleichen. In Momenten wie diesen wurde mir bewusst, wie absurd sich mein Leben in mancherlei Hinsicht gestaltete. Hier saß ich nun und prüfte die Unterschiede von Babyschnullern, als wäre ich ein Kunsthändler, der das Gemälde eines alten Meisters begutachtet. Ich kam mir albern vor und wusste nicht einmal, wonach ich eigentlich suchte.

Sosehr ich mich auch bemühte, ich konnte keinen Unterschied finden. Als ich gerade aufgeben wollte, entdeckte ich eine kaum wahrnehmbare Abweichung – eine winzige Erhöhung am Sauger.

»O nein, sie haben ihn verändert«, sagte ich zu Chris, der mich angesichts meines Verhaltens für verrückt halten musste.

Er sah mich ungläubig an.

»Wie kann er diesen winzigen Unterschied bemerken?«, fragte er.

»Keine Ahnung, aber er tut es«, antwortete ich und begann hektisch, den Küchenschrank zu durchwühlen, da mich Panik überfiel.

Ich stöhnte, als mir klarwurde, dass wir nur noch ein Paket von den alten Schnullern hatten.

Die wären in ein paar Tagen aufgebraucht, höchstens einer Woche, je nachdem, wie viele davon Fraser ablehnte, weil ihm ihr Anblick nicht zusagte. Ich musste mir einen Vorrat der alten Modelle besorgen, und zwar schnell.

An diesem Morgen verschickte ich E-Mails, die dank des Texts und der hysterischen Verwendung von Wörtern in Großbuchstaben auf jeden zufälligen Leser völlig überdreht wirken mussten. Aber zum Glück wussten die Empfänger über Fraser Bescheid und fanden diese Mail wohl kaum verrückter als vieles andere, was ich in den letzten Jahren geschrieben hatte. Ich schickte die Mail an Chris' Mutter und meine Verwandten in Essex und bat sie, sämtliche Geschäfte, Internetanbieter und sonstige Quellen, die ihnen einfielen, abzugrasen nach dem alten Modell des Tommee-Tippee-Schnullers. »AUF KEINEN FALL DEN NEUEN VERBESSERTEN SCHNULLER KAUFEN!«

Kurz darauf traf eine Flut von Paketen mit Schnullern

bei uns ein. Mir war natürlich klar, dass wir damit nur Zeit gewonnen hatten. Irgendwann gäbe es keine Schnuller dieses Modells mehr. Eine tickende Zeitbombe hing über uns, die in dem Moment explodieren würde, in dem uns die Schnuller ausgingen.

Uns blieben nur wenige Wochen, deshalb beschloss ich, unverzüglich zu handeln. In Anbetracht der Verbesserungen, seit Billy bei uns war, hielt ich den Zeitpunkt für geeignet.

Deshalb entschied ich mich an dem Tag nach meinem Gespräch mit Cath dazu, etwas zu tun, was viele Menschen vermutlich für eine drastische Maßnahme halten würden. Ich wartete am Vormittag, bis Fraser es sich im Wohnzimmer vor dem Fernseher gemütlich gemacht hatte. Dann holte ich die große Plastikdose aus dem Küchenschrank, in der ich alle Schnuller aufbewahrte, und stellte sie auf den Tisch. Ich nahm die große Küchenschere und schnitt von allen Schnullern die Sauger ab. Es war auf seltsame Weise erlösend. Den ersten Schnuller zu zerschneiden fühlte sich gut an. Der letzte fühlte sich sogar noch besser an.

Als Fraser mit Billy im Schlepptau in die Küche kam, um sich wie immer nach dem Fernsehen etwas zu trinken zu holen, wappnete ich mich innerlich und sagte die Zeilen auf, die ich mir während der schlaflosen Nacht zurechtgelegt hatte.

»Es tut mir wirklich leid, Fraser, aber die Schnuller sind kaputt«, sagte ich und hielt eines der saugerlosen Exemplare hoch.

Er schaute mich fragend an. Ich sah, wie es in seinem Kopf arbeitete. Wie immer hatte ich nicht die geringste Ahnung, was er dachte und wie er reagieren würde. Ich bereitete mich seelisch darauf vor, dass er das ganze Haus zusammenschreien würde, aber da war nichts als Stille, die eine scheinbare Ewigkeit anhielt.

Ich wagte nicht zu sprechen, weil ich spürte, dass Fraser diese Information erst verarbeiten musste. Schließlich zuckte er mit den Schultern, wandte sich seinem Freund Billy zu, der auf dem Küchenboden saß, und sagte: »Oje, die Schnuller sind kaputt, Billy.«

Dann nahm er sich einen Snack und etwas zu trinken und ging zurück ins Wohnzimmer. Ich wusste nicht, ob ich lachen oder weinen sollte. Auf jeden Fall fühlte ich mich so beschwingt, als hätte ich bei den Olympischen Spielen eine Goldmedaille gewonnen.

Mir war klar, dass ich darauf aufbauen musste, deshalb wiederholte ich den Vorgang am Abend. Wieder hielt ich Fraser einen saugerlosen Schnuller hin. Und wieder sah Fraser ihn nur stirnrunzelnd an und wandte sich dann ab. Innerhalb von zwei Tagen hörte er auf, nach seinem Schnuller zu fragen. Sogar nachts verzichtete er plötzlich darauf, was kurz zuvor noch undenkbar gewesen war.

Wenn ich heute daran zurückdenke, kommen mir die Tränen.

Ich zweifle keine Sekunde daran, was der Auslöser für unseren Erfolg war. Chris konnte so lange skeptisch die Stirn runzeln, wie er wollte. Billys Anwesenheit hatte für Fraser viel verändert. Die Beweise waren so unumstößlich, dass man damit vermutlich sogar bei Gericht durchgekommen wäre. Unsere Welt war seit Billy eine andere. Bevor er zu uns kam, war alles ein Drama. Jede noch so winzige Aufgabe war ein kaum zu gewinnender Kampf. Und nun schlenderten wir scheinbar mühelos von einer Herausforderung zur nächsten.

Es war verrückt, und die Situation mit den Schnullern bot ein Paradebeispiel. Vor nicht allzu langer Zeit suchte

ich wie eine Geisteskranke das Land nach einem bestimmten Schnullermodell ab. Ähnliche Verrücktheiten
erlebte ich mit dem roten Schnürsenkel.

Und jetzt schienen die Gegenstände, die Fraser brauchte,
um sich sicher zu fühlen, nach und nach zu verschwin-
den. Und sie wurden überflüssig, weil er etwas anderes
gefunden hatte – Billy.

Ich will ja nicht behaupten, dass Billy über Superkräfte
verfügte. Aber auf irgendeine Weise versetzte er Fraser
in die Lage, sich entspannen zu können. Ich hatte keine
Ahnung, wie er das anstellte, aber irgendwie schaffte er
es. Und ich hätte dafür nicht dankbarer sein können.

Kapitel 8

Unentschuldigt gefehlt

Es war im Spätherbst 2011. Die Abende wurden bereits langer und verbreiteten einen Vorgeschmack auf den nahenden Winter. Draußen war es stockdunkel, und ein heftiger Wind pfiff um die Häuser.

»Wann hast du Billy zuletzt gesehen?«, fragte Chris, als er die Hintertür abschloss und das Licht in der Waschküche ausschaltete, wo der Kater normalerweise schlief.

»Am Nachmittag«, antwortete ich. »Als wir von der Kita zurückkamen, hat er ein bisschen mit Fraser gespielt. Aber heute Abend habe ich ihn noch nicht gesehen. Seltsam, wenn ich es mir recht überlege.«

»Hm, passt gar nicht zu ihm, um diese Zeit noch draußen zu sein. Vor allem bei dem Wetter«, sagte Chris und sah auf der Veranda nach, von wo aus Billy durch seine Katzenklappe ins Haus kommen konnte.

Wir wechselten einen vielsagenden Blick.

Chris schaltete das Licht in der Waschküche wieder ein, öffnete die Hintertür und schaute in den Garten.

»Billy«, rief er. Keine Reaktion. Der durch die Bäume pfeifende Wind verschluckte das Rufen.

»Geh ins Bett, Louise«, sagte er. »Ich sehe mich draußen mal um.«

Als er in die Nacht hinaustrat, schossen mir zahlreiche besorgte Gedanken durch den Kopf.

Billy war in vielerlei Hinsicht ein Rätsel. Einerseits war er zu Hause dieses liebenswerte, knuddelige Wesen. Andererseits war er ein Freigeist, der es liebte, durch die Gegend zu streifen, vor allem hier in Balmoral. Der Grund für seine ausgedehnten Ausflüge lag auf der Hand: Das Estate mit seinen Wildtieren bot reiche Beute. Die Menschen vergessen gern, dass Katzen im Wesentlichen Raubtiere sind. Der Jagdtrieb ist in ihrer DNA verankert. Den Großteil seiner Beute fraß Billy auf, aber er hatte auch die Angewohnheit, erlegte Tiere mit nach Hause zu bringen.

In den Monaten seit unserem Umzug hatte er uns bereits mit Mäusen und Maulwürfen bedacht. Chris war ziemlich sicher, dass Billy auch kleine Kaninchen jagte. Die Wildhüter betrachteten Kaninchen als Schädlinge und schossen die größeren Tiere. Die verbliebenen Jungtiere waren dann für Katzen eine leichte Beute.

Die Ergebnisse seiner Jagdausflüge waren kein schöner Anblick.

Erst eine Woche zuvor war er mit einem kleinen Vogel zwischen den Zähnen auf der Veranda erschienen. Ich wollte mit den Kindern gerade zur Krabbelgruppe in einer Dorfschule in Crathie, nahe Balmoral, und entdeckte Billy gerade noch rechtzeitig. Ich schob die Kinder zurück, und wir verließen das Haus durch die Hintertür. Fraser hätte der Anblick eines toten Vogels sehr aufgeregt. Von unterwegs rief ich Chris an und bat ihn, zu Hause vorbeizuschauen und »das Objekt« zu entfernen, bevor wir wieder nach Hause kamen.

Ich hege gemischte Gefühle für das Raubtierverhalten von Katzen. Einerseits denke ich, sie sollten ausschließlich im Haus gehalten werden, so, wie es in vielen Ländern üblich ist. Aber andererseits akzeptiere ich das

Gesetz der Wildnis – beziehungsweise der schottischen Moorlandschaft. An jenem Abend standen derartige Überlegungen aber nicht auf meiner Tagesordnung. Ehrlich gesagt wäre es mir sogar egal gewesen, wenn er eine tote Ratte nach Hause gebracht hätte. Hauptsache, er käme heil und unversehrt zurück.

Es war nicht sinnvoll, ins Bett zu gehen, während Chris draußen nach ihm suchte. Ich konnte doch nicht schlafen. Also stellte ich den Kessel auf den Herd und machte mir einen heißen Kakao. Als ich an dem Kakao nippte und in die Dunkelheit hinausstarrte, war die Vorstellung, Billy zu verlieren, so furchtbar, dass ich den Gedanken gar nicht zuließ.

Ich hing an Billy und machte mir ernstlich Sorgen. Noch beunruhigender war jedoch die Frage, wie Fraser reagieren würde, sollte Billy verschwunden bleiben. Die beiden waren unzertrennlich. Wie sollte ich ihm das beibringen? Konnte er damit umgehen? Die Gedanken rasten immer schneller durch meinen Kopf. Zum Glück kam Chris in diesem Moment nach Hause. Ich sah auf den ersten Blick, dass er keinen Erfolg gehabt hatte.

»Nichts?«, fragte ich trotzdem.

»Nein.« Er zuckte mit den Schultern.

»Ich habe mich im Garten umgesehen und in den Holzschuppen geschaut. Da habe ich ihn letztens herumschnüffeln sehen und dachte, es sei einen Versuch wert. Aber es ist zu dunkel da draußen. Wir müssen bis morgen warten und hoffen, dass er dann wieder auftaucht«, sagte er.

»Und wenn er nicht zurückkommt?«, fragte ich und unterdrückte das Zittern in meiner Stimme.

»Er kommt bestimmt wieder«, sagte Chris und drückte mich. Das genügte, um die Schleuse zu öffnen. Es war albern, wegen einer verschwundenen Katze zu heulen, doch ich konnte nicht anders.

Da uns Billys Jagdgewohnheiten vertraut waren, schlossen wir die Tür zwischen Haus und Veranda ab, damit er uns keine toten Tiere ins Haus schleppen konnte. Falls er durch die Klappe in der Außentür zurückkam, konnte er auf der Veranda schlafen. Dort war es warm genug, sogar in einer stürmischen Nacht.

Schweigend gingen wir nach oben und wussten, dass wir kaum schlafen würden, weil wir auf das Geräusch der Katzenklappe lauschten. Falls es überhaupt möglich war, etwas zu hören, da der Wind immer lauter heulte.

Wir schliefen unruhig, und Chris ging noch zweimal hinunter, um nachzusehen, ob Billy zurückgekommen war. Es gab jedoch keine Spur von ihm.

Am nächsten Morgen waren wir früher als üblich auf den Beinen. Im Osten ging grau und trübe die Sonne auf. Immer noch keine Spur von Billy.

Wegen Billys wachsenden Interesses an der Umgebung hatten wir Fraser darauf vorbereitet, dass Billy auch einmal länger wegbleiben konnte. Fraser hatte es akzeptiert. Vielleicht gehörte das in seiner Vorstellung zu den Dingen im Leben, die nun mal passierten, so, wie Daddy jeden Morgen zur Arbeit ging.

»Er kommt bestimmt wieder«, wiederholte Chris seine Worte vom Vorabend.

Ich fürchtete den Moment, wenn Fraser aufwachen und nach Billy fragen würde. Hoffentlich behielt Chris recht.

Billy war schon zuvor im Dunkeln losgezogen, jedoch noch nie über Nacht weggeblieben. Er kam stets zurück, bevor wir die Türen abschlossen. Auch deshalb war ich sehr besorgt.

Und natürlich machte ich mir Vorwürfe. *Warum hatte ich ihn nicht im Haus gehalten oder ihm wenigstens ein leuchtendes Halsband umgebunden?* Aber diese Überlegungen führten zu nichts. Solche Maßnahmen kann man treffen, wenn man in der Stadt lebt. Aber wir wohnten an einem abgelegenen Ort in der Natur Schottlands. Fast zwanghaft spielte ich im Kopf alle möglichen Szenarien durch, was passiert sein könnte. In anderen Landesteilen stellte der Straßenverkehr die größte Gefahr für Katzen dar. Aber hier fuhren kaum Autos, und ich bezweifelte, dass Billy überhaupt zur Straße gelaufen war. Wahrscheinlicher war, dass er sich verletzt hatte oder von einem anderen Tier angegriffen worden war. Allerdings gab es in der Gegend nicht viele Tiere, die ihm gefährlich werden konnten. Balmoral war ein wichtiger Lebensraum für alle möglichen Tierarten, von Rotwild und roten Eichhörnchen bis hin zu den verschiedensten Vogelarten, einschließlich dem Schottischen Moorhuhn und dem Birkhuhn. Meines Wissens jagten die wenigsten davon Katzen.

Je länger ich grübelte, desto hilfloser fühlte ich mich. Schließlich entschied ich mich, zu handeln. Das war besser, als zu Hause herumzusitzen und zu warten.

An jenem Morgen musste Fraser nicht zur Kita. Nachdem ich das Frühstücksgeschirr weggeräumt hatte, entschied ich deshalb, mit ihm und Pippa einen Spaziergang durchs Gelände zu machen. Nun, gegen neun Uhr, war der Wind abgeflaut, und hier und da zeigten sich sogar blaue Stellen am Himmel. Es sah so aus, als würden wir einen halbwegs anständigen Tag bekommen, also setzte ich die beiden in den Doppel-Buggy und zog mit ihnen los. Wer weiß, vielleicht fand ich Billy ja bei einem der anderen Häuser.

Auf der Straße durch das Estate begegnete ich einigen Nachbarn.

»Haben Sie zufällig unsere Katze gesehen?«, fragte ich einen von ihnen möglichst leise, damit Fraser es nicht hörte.

»Die graue, die immer oben im Baum sitzt?«, fragte er.

»Nein, leider nicht, aber ich werde die Augen offen halten.«

Ich zog meinen Schal fest, knöpfte die Schutzhülle über dem Buggy zu und ging in Richtung der Hauptgebäude. Wenn es mit Fraser besonders schwierig war, gehörten diese Spaziergänge zu den Dingen, die mir halfen, nicht durchzudrehen. Es war eine schöne Abwechslung, die Kinder in den Buggy zu setzen und durchs Gelände zu streifen, egal, welche Jahreszeit wir gerade hatten. Das Estate und seine Wanderwege durch den Wald und die Gartenanlagen waren im Winter genauso reizvoll wie im Sommer, tatsächlich gehörte es für mich zu den Höhepunkten des Jahres, wenn alles schneebedeckt war. Die Luft war dann so frisch und klar, jeder Atemzug war eine Wohltat.

Ich schob den Buggy an dem Gebäude vorbei, das Queen Victoria für ihren Günstling John Brown, den »Hochland-Diener der Königin« erbauen ließ und in dem jetzt der Verwalter des Estate wohnte. Von dort blickte man auf den Golfplatz, auf dem die königliche Familie manchmal spielte. So spät im Jahr war hier natürlich niemand mehr unterwegs. Ich hielt die Augen auf nach Billy. »Wo zur Hölle steckst du nur?«, murmelte ich immer wieder.

Bis zum Hauptteil des Estate mit dem Schloss läuft man etwa zehn Minuten. Es gab so viele Möglichkeiten, wo Billy sein konnte, dass ich die sprichwörtliche Nadel im Heuhaufen suchte. Einer meiner Lieblingsplätze ist Garden Cottage, wo sich Queen Victoria gern aufgehalten haben soll. Es ist ein hübsches kleines Steingebäude, umgeben von Rasen, der an einen ummauerten Garten grenzt. Fraser war dort immer gern, vor allem wenn ich mit ihm durch ein Rosenspalier in den Garten zum Gewächshaus ging. Heute schlug ich diesen Weg in der Hoffnung ein, irgendwo graues Fell aufblitzen zu sehen, aber ich hatte kein Glück.

Anschließend spazierten wir durch die drei Morgen Küchengarten, den der Duke of Edinburgh vor einigen Jahren anlegen ließ und aus dem die königliche Familie ihr Gemüse bezog, wenn sie sich hier aufhielt. Wieder keine Spur von Billy.

Nach etwa einer Stunde hatte ich schon ein beachtliches Stück zurückgelegt und etliche Gärtner, die wir unterwegs trafen, nach Billy gefragt, aber niemand hatte ihn gesehen.

Die Kinder würden bald anfangen zu quengeln, deshalb ging ich zurück zum Haus. Die Anspannung, die ich seit dem Vorabend in meinem Bauch spürte, war noch schlimmer geworden.

Fraser sah ihn zuerst.

»Billy ist zurück, Mummy«, sagte er, als wir die ersten Häuser am Rand des Estate erreichten.

»Wo denn?«, fragte ich.

»Da! Sieh nur.« Fraser zeigte mit dem Finger in Richtung Zaun.

Meine Augen waren nicht so gut wie seine, deshalb brauchte ich einen Moment, bis ich Billy entdeckte. Aber da war er, stand am Zaun nahe dem vorderen Gartentor. Als würde er auf uns warten.

Es klingt verrückt, aber ich fühlte, wie mir eine Riesenlast von den Schultern genommen wurde. Beinahe hätte ich vor Freude geweint. Aber die Kinder sollten nicht denken, es sei etwas Trauriges passiert, deshalb schob ich stattdessen den Buggy ein bisschen schneller.

Billy sah zwar mitgenommen aus, hatte aber auf den ersten Blick keine Blessuren. Tatsächlich wirkte er ziemlich zufrieden mit sich. Als wir uns dem Tor näherten, machte er einen Buckel und sah uns an, als wollte er fragen: »Was soll die ganze Aufregung?«

»Du hast ja keine Vorstellung, was für Sorgen ich mir um dich gemacht habe«, hätte ich am liebsten zu ihm gesagt.

»Siehst du, ich habe dir heute Morgen ja gesagt, dass er nachher wiederkommt«, sagte ich stattdessen.

Als wir im Haus waren, fiel mir auf, dass Billy etwas im Fell hängen hatte, das aussah wie winzige Lockenwickler. Das mussten Disteln oder kleine Kiefernzapfen sein, was bedeutete, dass er ziemlich weit weg gewesen war, vielleicht beim Moor oberhalb des Schlosses. Weiter oben gab es dichte Nadelwälder. Möglicherweise hatte er dort Schutz vor dem Sturm gefunden und die Nacht verbracht. Wusste der Himmel, wo er gesteckt hatte. Ich würde es nie erfahren. Aber um ehrlich zu sein, war mir das auch ziemlich egal.

Nachdem ich den Kindern einen Snack zubereitet hatte, duschte ich Billy ab. Fraser half mir, spritzte Billy mit dem Duschkopf ab und ermahnte ihn, wenn er zu viel herumzappelte – das nennt man wohl Ironie.

Billy war jedenfalls froh, als er endlich mit dem Handtuch abgerubbelt wurde, das schon für ihn bereitlag.

»Tu uns das nie wieder an«, zischte ich ihm dabei leise zu und ließ ihn dann davonspringen.

Natürlich wusste ich, dass er niemals auf mich hören würde – wenn er mich überhaupt verstehen konnte.

Kapitel 9

Sprungbretter

Wenn die Leute vom »besten Freund des Menschen« reden, meinen sie in der Regel den Hund. Ich kann das verstehen; schließlich gibt es eine Menge Hunde, die ich selbst kenne und liebe. Aber je weiter sich Frasers Freundschaft mit Billy entwickelte, desto unfairer fand ich, dass Katzen nicht die gleiche Anerkennung gezollt wird. Sie haben es nämlich verdient.

Um das zu sehen, musste ich nur jeden Tag in mein Wohnzimmer gehen und Billy und Fraser beobachten. Die Freundschaft zwischen Menschen und Katzen kann außergewöhnliche Formen annehmen.

Die Verbundenheit der beiden spottete ehrlich gesagt jeder Beschreibung. Ihr Verhältnis war so viel tiefer und inniger, als ich es mir je hätte vorstellen können. Natürlich hatte ich gehofft, dass Billy für Fraser ein Spielkamerad sein würde. Aber er war so viel mehr als nur ein lebendiges Plüschtier, mit dem er auf dem Boden herumrollen konnte. Billy verfügte nicht nur über die Fähigkeit, Frasers Aufmerksamkeit zu erregen, sondern er konnte sie auch über Stunden binden. Nichts hatte bisher Frasers Interesse derart fesseln können – nicht einmal die Waschmaschine. Es gab Zeiten, da zogen sich die beiden in ihre eigene kleine Welt zurück, und Fraser plapperte scheinbar zusammenhanglos vor sich hin.

Billy schenkte Fraser noch andere wichtige Dinge: Loyalität, Beständigkeit, Beruhigung, Ermutigung und ein Gefühl der Sicherheit. Und oft war er im buchstäblichen Sinne die Schulter, an die sich Fraser anlehnen konnte.

Während die Wochen und Monate ins Land zogen, wurde Billy auch für uns zum Freund. Chris und ich fanden in ihm einen Partner im alltäglichen Umgang mit Frasers Eigenarten. Bei der Eingewöhnung in das neue Haus empfand ich ein neues Gefühl von Zuversicht und Stärke. Mit Billy an meiner Seite fühlte ich mich plötzlich Herausforderungen gewachsen, an denen ich früher verzweifelt wäre.

Und die Liste der Herausforderungen war endlos. Fraser beizubringen, aufs Töpfchen zu gehen, mit Messer und Gabel zu essen und so weiter. Bevor Billy zu uns kam, fühlte ich mich schnell überfordert, aber das hatte sich geändert.

Deshalb wollte ich ein paar Wochen nach dem Erfolg mit dem Schnuller ein weiteres Problem anzugehen – das Treppensteigen.

Dafür gab es einen guten Grund. Als Bestandteil der Physiotherapie wurden Frasers Fortschritte im Hinblick auf Motorik regelmäßig überprüft. In einigen Bereichen hatte er dank Helen und der Schienen große Fortschritte erzielt. Durch die Schienen konnte er sein Gleichgewicht besser halten.

Aber das Treppensteigen stellte nach wie vor ein Problem dar, zum Teil deshalb, weil wir es bisher vermeiden konnten. Aber nun wohnten wir in einem Haus mit zwei Etagen, in dem die Schlafzimmer oben lagen.

Momentan krabbelte Fraser entweder die Treppe oder er wurde getragen, was allerdings keine Dauerlösung sein konnte, da er zunehmend schwerer wurde.

»Guten Morgen, Mama!«

Mit Fraser im Park von Balmoral Estate.

Billy bekommt immer mit, wie es Fraser geht.

Müde nach einem langen Tag.

Während Fraser sich für den Tag anzieht ...

... kann Billy noch etwas liegen bleiben.

Am schönsten ist es, draußen im Garten zu toben.

Zwei erschöpfte Freunde.

Ob balgen ...

... oder vorgelesen
bekommen –
Billy ist für alles
zu haben.

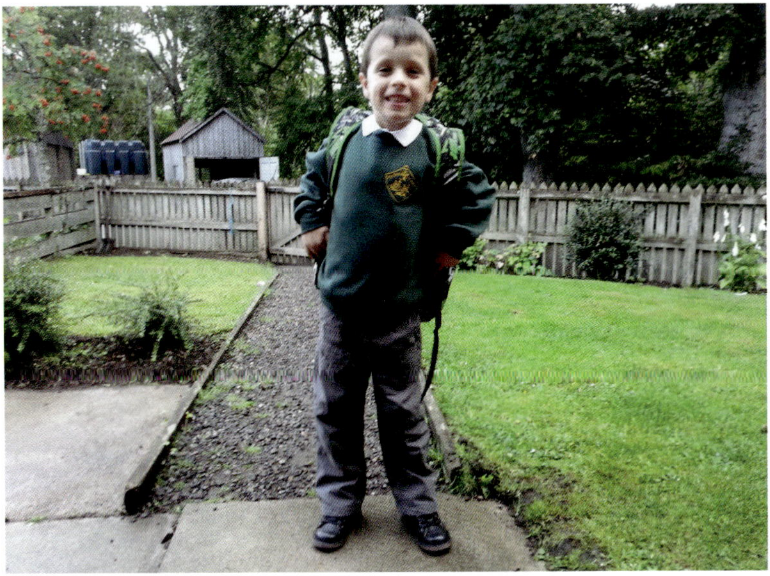

Am ersten Schultag.

Wenn Fraser aus der Schule kommt,
wartet Billy schon auf ihn.

Unsere neue Physiotherapeutin hieß Lindsey. Sie sollte ab Mitte Dezember zu uns kommen, deshalb entschied ich Mitte November, dass es an der Zeit sei, die Dinge ein wenig zu beschleunigen.

Vor allem brauchten wir zusätzliche Handläufe. Nachdem wir den Verwalter um Erlaubnis gebeten hatten, bauliche Veränderungen am Haus vorzunehmen, riefen wir Mike an, den Schreiner des Estates. Er brachte neben der Stufe zum Haus einen Metallpfosten mit Griff an. Anschließend installierte er einen hübschen Handlauf neben der Treppe in den ersten Stock. Der Handlauf war aus Holz und hatte genau die richtige Höhe und Größe für Kinderhände.

Ich ermutigte Fraser sofort, die neuen Vorrichtungen auszuprobieren. An den Tagen, an denen er nicht in die Kita ging, nahm ich mir eine halbe Stunde Zeit, um mit ihm zu üben. Ich stellte mich auf den Treppenabsatz, der auf halber Höhe lag. Von unten bis hierher waren es sechs Stufen.

»Lass uns sehen, ob du zu mir hinaufkommen kannst«, sagte ich zu Fraser.

Ich feuerte ihn an und klatschte Beifall, während er sich langsam nach oben arbeitete.

An manchen Tagen weigerte er sich rigoros, auch nur eine einzige Stufe hochzusteigen. An anderen Tagen ging er eine oder zwei Stufen und krabbelte die übrigen nach oben. Oder er lehnte sich gegen die Wand und schob sich nach oben, indem er sich mit den Händen von den Stufen abstieß. Aber manchmal hob er auch die Hände, ergriff den Handlauf und zog sich Schritt für Schritt hinauf. »Gut gemacht, Fraser«, lobte ich ihn dann.

Mir war klar, dass viel Zeit und jede Menge Üben nötig

sein würden, aber ich war zuversichtlich, dass er es schaffen konnte.

Die Betonstufe vor dem Haus wurde sofort zu einem Erfolg. Wenn wir aus der Kita oder vom Einkaufen zurückkamen, forderte ich ihn auf, den Griff zu benutzen und die Stufe allein hinaufzusteigen. Am Anfang fiel es ihm schwer, dabei das Gleichgewicht zu halten, aber nach etwa einem Dutzend Versuchen kam er gut zurecht.

Ich applaudierte jedes Mal, und Fraser wirkte hochzufrieden. Er sah sich suchend nach Billy um, der stets zur Stelle war.

»Fraser ist die Stufe hochgestiegen, Billy«, sagte er dann.

Ich hatte Fraser vorgewarnt, dass eine Therapeutin vorbeikommen und ihn bitten würde, die Treppe hinaufzugehen. Er war also vorbereitet, als Lindsey an einem eisigkalten Dezembermorgen bei uns vor der Tür stand. Für den Test vor der Haustür zog ich Fraser warm an. Er wollte es erst ganz ohne Hilfe probieren, aber das klappte nicht. Sobald er jedoch den Griff benutzte, bestand er den Test mit Bravour.

»Gut gemacht, Fraser«, lobte Lindsey ihn, als er die Stufe souverän meisterte.

Fraser strahlte mich zufrieden an.

Die Treppe im Haus schaffte er allerdings nicht so mühelos. Als Lindsey ihn bat, die Stufen hinauf- und hinunterzugehen, ohne sich am Handlauf festzuhalten, lehnte sich Fraser entweder gegen die Wand oder er krabbelte. Lediglich an Lindseys Hand meisterte er zwei Stufen in aufrechter Haltung.

Mit dem Handlauf klappte es etwas besser. Er hielt sich mit einer Hand daran fest, die andere stützte er jedoch auf die nächsthöhere Stufe, um mehr Halt zu gewinnen. Und trotz Lindseys Ermutigung zu laufen, rutschte er anschließend auf dem Po die ganze Treppe wieder nach unten.

Sie sagte, sie würde ihren Bericht im neuen Jahr schreiben und irgendwann im Januar wiederkommen, um Frasers Entwicklung erneut einzuschätzen.

»Aber ich bin sicher, dass er bis dahin gute Fortschritte gemacht haben wird«, sagte sie zum Abschied.

Weihnachten verbrachten wir wie immer ziemlich ruhig. Fraser hatte sich nie sonderlich dafür begeistert. Im Gegensatz zu den meisten Kindern, die sich bis zum 24. Dezember in einen Rausch hineinsteigern, blieb Frasers Stimmung unverändert.

Es war unser viertes Weihnachtsfest mit ihm, und ich hatte gehofft, dieses Jahr würde es anders laufen, aber das war nicht der Fall. In der Kita führten die Kinder ein Krippenspiel auf, sangen Weihnachtslieder, und der Nikolaus kam. Er war auch auf dem Fest gewesen, das für die Kinder der Angestellten von Balmoral veranstaltet wurde und auf dem Fraser wie alle anderen kleinen Mädchen und Jungen ein Geschenk von der Queen überreicht bekam. Ihm gefiel sein Geschenk, ein Teddybär, der singen konnte, wenn man ihm auf den Bauch oder die Hände drückte. Aber wirkliche Begeisterung entwickelte er nicht.

Mich machte es betroffen, weil es mir wieder einmal vor Augen führte, wie sehr er sich von anderen unterschied. Auf ganz egoistische Weise träumte ich davon, für aufgeregte Kinder Geschenke einzupacken, den Baum zu schmücken und für den Weihnachtsmann und seine Rentiere an Heiligabend Äpfel und Nüsse auszulegen. Wir taten diese Dinge zwar, aber Fraser registrierte sie kaum. Er mochte es nicht, seine Routine zu verändern, und behandelte den Weihnachtstag wie jeden anderen Tag.

Aber wir mussten auch an Pippa denken. Sie war allerdings noch zu klein, um Weihnachten wahrnehmen zu können. Trotzdem bekam sie Geschenke, und sie schien den Christbaum und die Weihnachtsdekoration zu mögen.

Weil Weihnachten für uns etwas Deprimierendes hatte, feierten wir mit Fraser nicht zu Hause – bis auf eine Ausnahme, weil wir eingeschneit waren. In den anderen beiden Jahren fuhren wir zu Chris' Mum oder zu meiner Mutter nach Essex. Dieses Jahr wollten wir auf keinen Fall die weite Fahrt nach Essex auf uns nehmen. Davon abgesehen war Chris' Mum wieder an der Reihe, und ich wollte Fraser nicht zu lange von Billy trennen.

Für die beiden Katzen gab es einen »Versorgungsplan«. Unsere Nachbarn Sandy und Cilla würden vorbeischauen und den Katzen Futter geben. Die beiden hatten einen Enkel, der Katzen liebte und sie dabei unterstützen wollte.

Als wir uns am Weihnachtsmorgen fertig machten, war Fraser mehr darum besorgt, für Billy alles zurechtzulegen, als seine Geschenke auszupacken.

Er stellte eine Schüssel für Futter heraus und eine zweite für Wasser. Dann verbrachte er zehn Minuten damit, Billy zu erklären, dass er zu seiner Oma fahren würde und dass Cilla, Sandy und Murray vorbeikommen und nach ihm sehen würden.

»Murray spielt mit dir«, sagte er und streichelte Billy.

Es war ein bisschen übertrieben, da wir abends schon wieder zurückfuhren, aber solange es Fraser beruhigte, war es die Sache wert. Da er nun wusste, was Billy tat und wer sich um ihn kümmerte, war für ihn alles in Ordnung. Zum Glück.

Als im neuen Jahr die alltägliche Routine einkehrte, übte ich mit Fraser weiter das Treppensteigen. Der einzige Unterschied bestand darin, dass ich einen Assistenten bekommen hatte. Es dauerte ein bisschen, ehe ich das überhaupt merkte.

Eines Morgens Anfang Januar sah ich, dass sich Billy auf den Treppenabsatz setzte, genau dorthin, wo ich ein paar Stunden zuvor beim Üben gestanden hatte.

Bis dahin hatte ich Billy noch nie dort sitzen sehen. Wenn überhaupt, dann ging er bis ganz nach oben, um in Frasers Zimmer zu dösen. Trotzdem dachte ich mir erst nichts dabei.

Als ich am nächsten Tag in der Küche beschäftigt war, hörte ich Fraser nach ihm rufen.

»Billy, Billy, warte!«, rief er.

Ich ging in den Flur und sah Billy wieder auf dem Treppenabsatz sitzen, den Blick auf die sechs Stufen nach unten gerichtet. Fraser stand auf der zweiten Stufe und ging langsam hinauf zu Billy. Das kostete ihn viel Kraft, und als er am Ziel war, schnaufte er vor Erschöpfung. Dann lagen die beiden zusammen auf dem Treppenabsatz.

Wieder dachte ich mir nichts dabei und fand es lediglich süß. Als es regelmäßig passierte, hielt ich es für ein neues

Spiel der beiden, und selbst, als ich den Treppenabsatz wegen der vielen Katzenhaare häufiger saugen musste, zählte ich eins und eins nicht zusammen.

Erst als ich die beiden einmal zufällig abends beobachtete, fiel der Groschen.

Kurz zuvor hatte ich eine mühselige Übungssitzung mit Fraser an der Treppe verbracht, bei der er sich lustlos zeigte und nach ein paar Versuchen zum Krabbeln überging. Ich gab auf. Man sollte Fraser zu nichts drängen.

Wieder saß Billy auf der Treppe, dieses Mal auf halbem Weg zum Treppenabsatz. Fraser folgte ihm, und als er seinen Freund gerade berühren wollte, ging Billy weiter bis zum Treppenabsatz.

»Billy, warte«, sagte Fraser und ging ein wenig schneller. »Warte.«

Erst als Fraser den Treppenabsatz erreicht hatte, blieb Billy stehen. Er stupste seinen Kumpel an, und sie spielten zusammen.

»Du meine Güte«, sagte ich laut.

Plötzlich begriff ich es. Billy gab Fraser zu verstehen, dass er die Stufen hinaufsteigen müsse, wenn er mit ihm spielen wolle. Darüber hinaus bot er ihm einen Anreiz, die Treppe so schnell wie möglich hinaufzusteigen. Nie zuvor hatte er das so geschwind getan.

Was sollte ich davon halten? In meinem Kopf drehte sich alles. Billy musste mitbekommen haben, wie ich Fraser die Treppe hinaufzulocken versuchte und – der Himmel weiß wie – sich dazu entschieden haben, dasselbe zu tun. Aber das war schlichtweg unmöglich. Es war verrückt. Offenbar befand ich mich auf dem besten Weg, den Verstand zu verlieren.

»Ganz ruhig, Louise«, sagte ich mir, aber meine Gedanken rasten.

Als ich Chris abends davon erzählte, dachte er, ich hätte getrunken. Er hielt viel von Billy und war jederzeit bereit, allen zu erzählen, was für einen beruhigenden Einfluss dieser Kater auf das ganze Haus ausübte. Aber er würde niemals akzeptieren, dass Billy mehr als das tat.

Als Beweis müsste er es mit eigenen Augen sehen. Aber Billy dachte natürlich gar nicht daran, solange sich Chris in der Nähe aufhielt. Frustriert spielte ich sogar mit dem Gedanken, Billy und Fraser zu filmen.

Aber was auch immer andere davon hielten, ich wusste, was ich gesehen hatte.

Anfang Januar bekamen wir eine Kopie von Lindseys Bericht über ihren Besuch im Dezember. Dort stand genau das, was ich erwartet hatte, dass »Fraser die Treppe hinunterrutschte und hinaufkrabbelte, lediglich an der Hand der Therapeutin zwei Stufen stehend bewältigte«.

Ich schenkte dem nicht allzu viel Beachtung. Das lag nicht etwa daran, dass ich Lindseys Meinung nicht respektierte, sondern daran, dass diese Aussagen längst überholt waren.

Mittlerweile ging Fraser die Treppe souverän hinauf und hinunter. Er musste sich zwar am Handlauf festhalten, aber das war in Ordnung. Dafür hatten wir ihn schließlich angebracht. Entscheidend war, dass wir diese Hürde genommen hatten, und zwar – wie es immer häufiger der Fall war – ohne großes Drama.

Kaum zu glauben. Noch vor etwa einem Jahr hätte diese Aktion heftige Wutanfälle ausgelöst. Fraser hätte sich jedes Mal aufgeregt, wenn ich das Treppensteigen nur erwähnte. Aber während der vergangenen Wochen war das Schlimmste, was ich erlebt hatte, ein Ausbruch der Stärke zwei – also gar nichts.

Als Lindsey etwa einen Monat später vorbeikam, sah sie beeindruckt zu, wie Fraser die Treppe meisterte.

»Donnerwetter! Er hat unglaubliche Fortschritte gemacht, Louise.« Sie lächelte.

Uns entging nicht, dass Billy auf der obersten Treppenstufe stand und hinunterpeilte.

»Was tut der Kater denn da? Ist das moralische Unterstützung?« Lindsey lachte.

Dazu hätte ich viel sagen können, schüttelte aber stattdessen lächelnd den Kopf.

»Wer weiß?«

Kapitel 10

Frühlingserwachen

Der Frühling in den Highlands ist immer märchenhaft, aber im Jahr 2012 war er besonders schön. Hinter uns lag ein extrem kalter Winter, und es hob die Stimmung, die ersten Narzissen zu sehen und das leise Rauschen des Flusses zu hören, der wegen des geschmolzenen Schnees der Cairngorms Hochwasser führte.

Auch in unserem Leben brach eine glückliche Etappe an. Chris und ich hatten gelernt, realistisch zu sein, was Fraser betraf. Zudem stimmten uns seine Fortschritte der vergangenen Monate optimistischer, als wir es lange Zeit für möglich gehalten hatten.

Das lag nicht nur an der ruhigen Atmosphäre, die seit dem Umzug in unserem Haus herrschte, wir entdeckten stetig neue ermutigende Zeichen.

Lindsey hatte eine äußerst positive Beurteilung geschrieben, die als Kopie auch an das Orthopädiefachgeschäft ging, wo eine Dame namens Lynne Frasers Schienen herstellte.

Die Schienen waren zwar sperrig, aber dennoch eine große Hilfe. Sie liefen unter Frasers Füßen und an den Seiten der Schienbeine entlang, weswegen er einen steifen Gang entwickelte. Zudem mussten die Schienen alle sechs Monate gegen neue ausgetauscht werden.

Als wir zu Lynne nach Aberdeen fuhren, bat sie Fraser,

ein paar Schritte zu gehen, damit sie sehen konnte, wie er mit den alten Schienen zurechtkam und was verändert werden musste. Bisher hatte sie uns dann immer mitgeteilt, wann die neuen Schienen fertig sein würden, aber dieses Mal überraschte sie uns mit einem Vorschlag.

»Ich denke, es ist an der Zeit, von den Schienen wegzukommen«, sagte sie.

»Wirklich?«, fragte ich erstaunt.

»Ja, ich werde Fraser Stabilitätsschuhe bestellen.«

»Was ist das?«

»Das sind orthopädische Halbstiefel, die unter dem Fuß keine feste Schiene haben. Fraser kann sich dadurch flexibler bewegen und hat mehr Spielraum.«

Es dauerte ein paar Wochen, bis die Schuhe fertig waren, aber dann konnte Fraser sie zum ersten Mal anziehen. Die Schuhe sahen aus wie knöchelhohe Rollerskates – natürlich ohne Rollen. Fraser war damit sofort mobiler. Wie Lynne vorausgesagt hatte, war er jetzt wendiger und konnte sich sogar nach vorn beugen. Deutlich zu erkennen war der Unterschied auf dem Trampolin, wo er jetzt sogar vorsichtig hüpfte – und Billy saß daneben auf der Wiese. Außerdem konnte Fraser nicht nur schnell gehen, er lief beinahe. Ein unglaublicher Fortschritt.

Seine neuerworbene Mobilität ermutigte mich, vor allem nach einem wirklich interessanten Gespräch, das ich im Kindergarten geführt hatte. Als ich ihn dort abholen wollte und eine Erzieherin auf mich zukam, machte ich mir im ersten Moment Sorgen – was man mir offenbar ansah.

»Louise«, begrüßte sie mich. »Kein Grund zur Beunruhigung. Ich bin nur neugierig wegen einer Sache.«

»Was denn?«, fragte ich beklommen, trotz des Lächelns in ihrem Gesicht.

»Hat sich Fraser zu Hause mit geometrischen Formen beschäftigt?«, fragte sie.

»Eigentlich nicht«, antwortete ich verdutzt. »Wir haben so ein Spiel, bei dem man ein Quadrat, ein Dreieck und eine Kugel durch die richtigen Öffnungen schieben muss, aber mehr auch nicht. Wieso?«

»Weil er heute ein Achteck, ein Sechseck und ein Fünfeck erkannt und mit dem korrekten Namen benannt hat.«

Ich war so überrascht, dass ich versuchte, es herunterzuspielen.

»Typisch Fraser. Immer für eine Überraschung gut.«

»Allerdings«, bestätigte sie.

Ich wusste, dass in der Kita sehr auf seine speziellen Bedürfnisse eingegangen wurde und man versuchte, ihn möglichst gut auf die »große Schule« vorzubereiten.

»Möchten Sie, dass ich ihn darauf anspreche?«, fragte ich.

»Nein, das ist nicht nötig. Aber es wäre schön, wenn Sie ihn im Auge behielten und uns wissen ließen, ob noch weitere Überraschungen zu erwarten sind.«

Als ich abends Chris davon erzählte, erzeugte das nicht die erwartete Reaktion. Statt erstaunt zu sein, nickte er nur.

»So etwas hat er doch schon häufig gemacht«, sagte er.

»Tatsächlich? Wann denn?«

»Zum Beispiel als er mit deiner Mum dieses Würfelspiel gespielt hat.«

»Stimmt«, erinnerte ich mich. Das war im letzten Jahr gewesen, als wir an die Küste fuhren, um Chris' Mum und ihren Lebensgefährten zu besuchen.

Die beiden liebten Gesellschaftsspiele, und Chris' Mum hatte eines dieser Leiterspiele in einem Secondhandladen entdeckt. Wie ich hatte auch sie alle möglichen Spielsachen gekauft, um Frasers Interesse zu wecken. Bei diesem Spiel hatte es geklappt. Die Spielfiguren waren extra groß, dadurch konnte Fraser sie leichter greifen.

Chris' Mum hatte Fraser den Würfel gereicht, er warf ihn, und bevor überhaupt jemand die Chance hatte, etwas zu sagen, rief er: »Fünf.«

Die Zahl stimmte, wir waren aber vor allem deshalb überrascht, weil er sich gar nicht mit Zählen aufgehalten hatte.

Als er wieder an der Reihe war, passierte das Gleiche.

»Sechs«, sagte er und legte sofort nach.

So ging es immer weiter, während des ganzen Spiels.

»Vier.«

»Drei.«

Jedes Mal nannte er die Zahl nahezu in dem Moment, in dem der Würfel fiel. Ihm genügte ein Blick auf die Punkte.

Damals war er drei Jahre alt, und wir hatten vorher nie Brettspiele mit ihm gespielt.

»Stimmt, das hatte ich ganz vergessen. Und weißt du noch, wie er von zwanzig rückwärts gezählt hat? Damals war er gerade mal zwei.«

»Letztens hat er auch etwas getan, was mich überrascht hat. Ich wollte es dir sowieso noch erzählen«, sagte Chris.

»Was hältst du vor mir verborgen?«, fragte ich nur halb im Scherz.

»Wir beide saßen vor dem Supermarkt im Auto, während du mit Pippa einkaufen warst. Fraser hat auf ein Haus gezeigt und gesagt: ›Sieh mal, das Haus hat eine Windfahne.‹ Ich wusste gar nicht, was eine Windfahne ist.«

»Und gestern hat er das Wort ›Schwerkraft‹ benutzt. Ich konnte mir nicht vorstellen, dass er den Begriff wirklich versteht, also habe ich ihn gefragt: ›Was ist Schwerkraft,

Fraser?‹ Und er hat geantwortet: ›Sie hält mich am Boden.‹«

Wir mussten beide laut lachen. In der Kita lernte er diese Dinge bestimmt nicht. Die Kinder dort waren zwischen zwei und vier Jahre alt und beschäftigten sich nicht mit Themen wie ›Schwerkraft‹. Momentan sammelten sie zum Beispiel Blumen für ein Frühlingsprojekt.

Also stellte sich die Frage, wo Fraser solche Informationen herbekam. Lesen konnte er noch nicht, und im Fernsehen schaute er nur Kinderprogramme mit Serien wie *Tom und Jerry.* Alles andere würde ihn viel zu sehr aufregen.

Oder sah er sich etwa heimlich wissenschaftliche Sendungen auf *National Geographic* an? Das konnte ich mir kaum vorstellen.

Das ist eines der Paradoxe bei autistischen Kindern. Nach konventionellen Maßstäben entwickeln sie sich nicht so wie andere Kinder. Dafür verfügen sie oft über Fähigkeiten, die weit über das hinausgehen, was in dem Alter normal ist. Es ist ein bekanntes Klischee, dass alle autistischen Kinder hochbegabt sind, und ich wollte nicht, dass Fraser in eine Schublade mit *Rain Man* gesteckt wurde, der ein Telefonbuch auswendig aufsagen und die Karten im Casino zählen konnte. Aber es gab bei Fraser zweifellos ungenutztes Potenzial.

Das machte mir ein wenig Mut, was Frasers zukünftige Schullaufbahn anging. Die Worte, die ich in Aberdeen gehört hatte, als sein Autismus diagnostiziert wurde, gingen mir trotzdem nicht aus dem Kopf. »Fraser wird nie eine normale Schule besuchen.«

In gewisser Weise hatten wir diese düstere Vorhersage bereits Lügen gestraft. Fraser besuchte immerhin keinen »Sonderkindergarten«, sondern einen ganz normalen, in dem zwar auf seine Eigenarten Rücksicht genommen wurde, er aber ansonsten ein Kind von vielen in der Gruppe war. Ich verspürte den Wunsch, ihn auf eine nette Grundschule zu schicken, in eine Klasse mit Gleichaltrigen, wo er so behandelt wurde wie alle anderen auch.

In meinem Kopf sah ich es ganz deutlich vor mir. Ich würde am Schultor stehen, zuschauen, wie er mit dem Rucksack über der Schulter in seiner Uniform die Stufen hinaufging.

Das war natürlich viel verlangt. Frasers Autismus verursachte zu viele Einschränkungen, als dass er sich in einen ganz normalen Schuljungen hätte verwandeln können. Aber eine Mutter durfte doch schließlich träumen, oder etwa nicht? Jede ermutigende Nachricht verstärkte meinen Glauben, dass es vielleicht doch möglich sei. Als der Frühling anbrach und die Tage länger wurden, war ich entschlossener denn je, ihm eine Chance zu verschaffen.

Mit dem Frühling nahte auch Frasers Geburtstag. Kaum zu glauben, dass er schon vier Jahre alt wurde. Es kam mir vor wie gestern, dass er das Licht der Welt erblickt hatte.

Im Gegensatz zu Weihnachten bedeutete sein Geburtstag ihm etwas. Vermutlich hatte es damit zu tun, dass sich dieser Tag um ihn drehte. Zudem kam es seinem Bedürfnis nach festen Abläufen entgegen. Er konnte sich darauf verlassen, dass er an diesem Tag ein Jahr älter wurde. Etwas mit einer Zahl belegen zu können war in seiner autistischen Welt wichtig.

Deshalb genoss auch ich es, jedes Jahr dasselbe Ritual zu durchlaufen. Es begann stets einen Tag vorher, wenn ich einen besonderen Geburtstagskuchen für ihn backte, mit seinem Namen darauf und einer Kerze in Form einer Zahl, dieses Mal eine Vier. Sobald er abends im Bett war, dekorierte ich das ganze Haus.

Den Kuchen stellte ich mitten auf den Esstisch, umgeben von Glückwunschkarten. Dann hängte ich die Happy-Birthday-Girlande und Luftschlangen auf.

Chris und ich bliesen Luftballons auf und legten sie zusammen mit den Geschenken ins Wohnzimmer. Chris hatte auch einen großen Helium-Luftballon mit einer Vier darauf besorgt. Vor die Badezimmertür drapierten wir ebenfalls eine Happy-Birthday-Girlande – der erste Geburtstagsgruß für Fraser, wenn er morgens aus seinem Zimmer kam.

Fraser liebte diese Routine und war aufgeregt von dem Moment an, wenn er morgens aufstand. »Heute ist mein Geburtstag. Fraser ist vier«, sagte er – und würde es noch viele Male sagen.

Billy schien zu wissen, was vor sich ging. Er kam in die Küche, betrachtete die Luftballons und setzte sich dann neben Frasers Stuhl, was er sonst nie tat. Das steigerte Frasers Aufregung noch.

»Heute ist mein Geburtstag. Fraser ist vier, Billy«, sagte er zwischen zwei Frühstücksbissen.

Dann gingen wir ins Wohnzimmer, wo Fraser noch aufgeregter wurde. Wie immer war es die reinste Lotterie, welche Geschenke ihm gefallen würden. Aber es war jedes Mal eine Freude, ihm dabei zuzusehen, wie er systematisch ein Päckchen nach dem anderen auspackte.

Dieses Jahr hatten wir ihm einen *LeapPad*-Lerncomputer gekauft und dazu ein paar Spiele und einen Kopfhörer besorgt.

Billy hing immer noch an Frasers Seite, fasziniert von dem weggeworfenen Geschenkpapier, in das er seine Nase steckte. Als Chris ein aufgerolltes Schleifenband durchs Zimmer warf, schoss Billy wie der Blitz hinterher. Es war schön, zu sehen, wie er mit uns gemeinsam Spaß hatte. Schließlich gehörte er zur Familie.

Da es ein ganz normaler Kita-Tag war, musste ich Fraser anziehen. Er protestierte nicht. Solange er seinen »Ich bin vier«-Anstecker tragen durfte, war er glücklich. Außerdem wusste er, dass auch in der Kita ein Geburtstagskuchen auf ihn warten würde.

Als er am Nachmittag wieder zu Hause war, spielte er mit seinem *LeapPad*, worüber Chris und ich uns sehr freuten. Im Jahr zuvor hatten wir viel Geld für ein batteriebetriebenes Polizeimotorrad ausgegeben, das er komplett ignorierte.

Dann sangen wir *Happy Birthday* und ließen ihn die Kerze auspusten. Den Rest des Tages machten wir nichts Besonderes.

Wir waren noch nicht so weit, andere Kinder einladen zu können. In der Kita verhielt sich Fraser nach wie vor unbeteiligt. Es schien ihm zwar zu gefallen, bei den anderen Kindern zu sein, aber er spielte nicht wirklich mit ihnen, folglich hatte er auch niemanden, den man als Freund bezeichnen konnte. Das stimmte mich traurig, aber zumindest hatte er Pippa und seinen Billy.

Erst ein paar Wochen zuvor hatten wir wieder erlebt, wie innig die Verbindung zwischen den beiden war.

Fraser musste zum Arzt, um gegen Masern, Mumps und Röteln geimpft zu werden. Komischerweise hatte er mit Spritzen überhaupt kein Problem. Ich hätte eher das Gegenteil erwartet. Er war im Laufe der Jahre schon mit etlichen Injektionen malträtiert worden, hatte sich aber nie dagegen gewehrt. Dieses Mal war es nicht anders.

Leider litt er jedoch heftig unter den Impfreaktionen. Er bekam Fieber und fühlte sich schlapp. Der Arzt hatte mich vorgewarnt, dass es dazu kommen könnte. Ich sollte darauf achten, dass er genügend trank, und sofort anrufen, wenn es zu Fieberkrämpfen kam. Da Fraser nicht ins Bett wollte, ließ ich ihn auf dem Sofa vor dem Fernseher ausruhen.

Chris war noch bei der Arbeit. Ich musste das Abendessen vorbereiten, und Pippa beanspruchte ungewöhnlich viel Aufmerksamkeit. Deshalb konnte ich nur ab und zu nach Fraser sehen. Aber zum Glück war Billy zur Stelle.

Er hatte draußen auf uns gewartet und schien wieder einmal zu spüren, dass er gebraucht wurde. Nachdem ich Fraser auf dem Sofa zugedeckt hatte, sprang Billy auf Frasers Schoß, rollte sich zusammen und lag dort ganz ruhig.

Eigentlich war er zu lebhaft, um lange auf einem Fleck zu liegen. Als ich das nächste Mal nach Fraser sah, erwartete ich eigentlich, dass Billy schon wieder verschwunden war. Weit gefehlt. Eng aneinandergekuschelt lagen die beiden da. Mir wurde klar, dass Billy jetzt nicht gehen würde. Das bewies mir etwas, das ich schon lange vermutet hatte.

Es wurde viel geschrieben über die Fähigkeit von Katzen, zu spüren, wenn es einem Menschen nicht gutgeht. Manche sind sogar der Meinung, Katzen könnten epileptische Anfälle schon im Vorfeld spüren. Andere glauben, dass das Schnurren einer Katze zum Heilungsprozess beitragen kann.

Ich bin keine Wissenschaftlerin und weiß nicht, ob es Beweise für diese Theorien gibt. Aber ich weiß, was ich an jenem Nachmittag gesehen habe. Statt auf der Suche nach Mäusen und Vögeln durchs Gelände zu streifen, war Billy bei seinem Freund Fraser geblieben. Und das hatte er nicht zu seiner Unterhaltung getan, denn die gab es nicht. Fraser war nicht in der Verfassung, um mit ihm auf dem Teppich herumzutollen oder im Garten Fangen zu spielen. Es musste also einen anderen Grund geben.

Als Chris abends von der Arbeit nach Hause kam, war Frasers Fieber gesunken. Aber er fühlte sich immer noch matt. Ich gab ihm ein leichtes Abendessen und brachte ihn dann ins Bett.

Normalerweise blieb Billy nur bei ihm, bis er eingeschlafen war, und zog dann los. Nicht so an jenem Tag. Er suchte sich einen Platz am Fußende und blieb dort bis zum nächsten Morgen. Nach dem Aufwachen ging es Fraser wesentlich besser. Erst jetzt schien Billy seinen Einsatz als beendet zu erachten. Er verschwand leise durch die Katzenklappe – weiß der Himmel wohin.

Manchmal fragte ich mich, ob ich zu viel in die Beziehung der beiden hineinprojizierte und den Einfluss, den Billy auf Fraser hatte, zu hoch einstufte.

Chris war nach wie vor skeptischer. Er zweifelte nicht an der Zuneigung der beiden füreinander, aber für ihn war es nur die Freundschaft zwischen einem Kind und seinem Haustier, nicht mehr und nicht weniger.

Deshalb kam ich mir manchmal dumm und naiv vor. Wie

könnte eine Katze so viel Einfluss auf einen kleinen Jungen haben?

Aber dann ereigneten sich ein paar Dinge, die mir endgültig Gewissheit gaben, und zum ersten Mal kam ich mir nicht naiv oder dumm vor.

Es passierte selten, dass sich Fraser freute, wenn jemand an die Haustür klopfte. Aber eines Morgens lief er bei dem Geräusch aufgeregt zur Haustür.

»Ist es Kay?«, fragte er.

»Ja, Fraser, ich glaube schon«, antwortete ich.

Kay war eine Ergotherapeutin, die Fraser schon seit Babytagen kannte. Sie hatte einen Termin mit uns vereinbart, um sich seine Fortschritte anzusehen.

Von allen Therapieformen, mit denen Fraser behandelt worden war, hatte die Ergotherapie am wenigsten Erfolg gezeigt. Diese Therapie sollte ihm helfen, alltägliche Handgriffe wie die Zähne zu putzen, sich die Hose hochzuziehen, mit Besteck zu essen oder mit einem Stift zu malen besser zu bewältigen. Aber es hatte sich zu einem Bereich entwickelt, auf dem er so gut wie keine Fortschritte machte. Wir vermuteten, dass es an seiner Entschlossenheit lag, bestimmte Dinge *nicht* zu tun. Es führte zu nichts, deshalb hatten wir die Therapie für eine Weile ausgesetzt. Das Ende vom Lied war, dass ich Fraser viele der Dinge – mit gemischtem Erfolg – selbst beizubringen versuchte, die eigentlich in der Therapie geübt werden sollten. Da uns bis zur Einschulung nur noch etwa ein Jahr blieb, mussten diese Probleme aber überwunden werden. Fraser tat sich nach wie vor schwer beim Essen mit Messer und Gabel oder dem Halten eines Stifts. Höchste Zeit für Fortschritte.

Als Kay Jahre zuvor mit Fraser gearbeitet hatte, kannten wir noch nicht einmal die Diagnose. Nun war sie erstaunt, welche Fortschritte er in der Zwischenzeit gemacht hatte.

Es fing schon damit an, dass sich Fraser mit ihr unterhielt.

»Ich habe dich schon gekannt, als du noch ein Baby warst. Damals habt ihr in einem anderen Haus gewohnt«, begrüßte sie ihn.

»War es das Haus, in dem Billy zu uns kam?«

Kay sah mich verdutzt an.

»Ich kenne Billy nicht«, antwortete sie dann.

»Billy ist Frasers Katze. Ah, da kommt er schon«, sagte er und betrachtete seinen Freund, der soeben durch die Katzenklappe ins Haus gelaufen kam.

»Oh, hallo, Billy«, begrüßte sie ihn.

Ich wollte Kay zeigen, wie sehr sich Frasers Mobilität verbessert hatte.

»Zeig Kay mal, dass du Treppen steigen kannst«, bat ich ihn.

»Okay. Komm mit, Billy«, sagte er und lud seinen Freund zum Mitmachen ein. Wie der Blitz war Billy auf dem ersten Treppenabsatz und wartete dort auf Fraser.

Dort lagen sie dann und kuschelten.

»Oh, das ist echt süß«, sagte Kay.

Wie üblich mussten erst ein paar Formulare ausgefüllt werden. Nachdem Kay Fraser noch ein paar Minuten lang beobachtet hatte, lud ich sie deshalb zu einer Tasse Tee ins Wohnzimmer ein, wo Fraser jetzt auf dem Boden lag und fernsah.

Er und Billy verhielten sich wie immer, rieben die Köpfe aneinander und schmusten. Für mich war das ein alltäglicher Anblick.

Aber als Kay mir gerade etwas erklären wollte, verlor sie plötzlich den Faden und sagte:

»Wow, das ist echt ungewöhnlich. Ich habe noch nie gesehen, dass ein Kind und eine Katze so aufeinander eingehen. Seit wann verhalten die beiden sich schon so?«

Nie zuvor hatte mich jemand nach der Beziehung der beiden gefragt. Ich erzählte ihr, dass Billy seit neun Monaten bei uns war und dass die beiden von Anfang an so zusammengeklebt hatten.

Staunend hörte sie zu, als ich ihr die erste Begegnung der beiden in Aboyne schilderte. Kay wusste, wie sensibel und ängstlich Fraser früher gewesen war, und konnte kaum glauben, dass er einfach zu Billy in den Käfig spaziert war und sorglos mit ihm gespielt hatte.

Ich zögerte, ihr zu erzählen, wie viel Einfluss Billy meiner Meinung nach auf Fraser ausübte. Schließlich wollte ich keine Behauptungen aufstellen, die mich als Verrückte dastehen ließen.

Aber wie sich herausstellte, waren meine Bedenken überflüssig.

»Katzen sind erstaunliche Wesen, nicht wahr?«, sagte Kay. »Es kommt mir so vor, als wäre Billy ein kleiner Held.«

Der Blick, den sie mir zuwarf, verriet, dass sie verstand, was vor sich ging.

Ein paar Tage danach erhielt ich einen Anruf von einer anderen alten Bekannten, Liz vom Katzenschutzverein. Sie bat mich um einen Gefallen. Der Verein bemühte sich um bessere Wahrnehmung seiner Arbeit und suchte nach guten Geschichten über Menschen und Katzen, die er zusammengebracht hatte.

»Ich habe Billy und Fraser nie vergessen und mich gefragt, wie es den beiden geht«, sagte sie.

Ich vertraute darauf, dass Liz wohlwollend mit meinen Vermutungen umgehen würde, also erzählte ich ihr, was Billys Anwesenheit meiner Meinung nach bewirkte. Einer verständnisvollen Person alles zu erzählen war für mich die reinste Erlösung.

»Das ist ja phantastisch, Louise. Ich wusste sofort, dass die beiden zueinander passen. Wäre es für Sie in Ordnung, wenn ich ein paar Sätze über die beiden auf unsere Website stelle?«, fragte sie.

»Natürlich«, versicherte ich.

Ein paar Tage später hatte ich das Gespräch längst vergessen, als ich noch einen Anruf erhielt, dieses Mal von jemandem aus der Zentrale des Katzenschutzvereins in London. Dort hatte man die Geschichte gelesen, die Liz auf die Website des lokalen Katzenschutzvereins gestellt hatte, und überlegt, ob die Geschichte nicht landesweit eingesetzt werden konnte.

»Wir wollen nicht nur auf den Katzenschutzverein aufmerksam machen, sondern auch darauf, dass Tiere autistischen Menschen möglicherweise helfen können. Es klingt so, als hätten Billy und Fraser genau die Art von Beziehung, nach der wir suchen«, sagte die Dame am Telefon.

Ich war unsicher und fragte, an was sie dabei gedacht habe.

»Wir möchten die Geschichte an die Presse weiterleiten und hoffen, dass jemand über die beiden berichtet«, sagte sie.

Ich bat sie um ein paar Tage Bedenkzeit, damit Chris und

ich es uns durch den Kopf gehen lassen konnten. Er war natürlich überrascht, als ich ihm davon erzählte.

»Warum sollten sie über Fraser und Billy schreiben wollen?«, sagte er kopfschüttelnd beim Abendessen, als die Kinder schon im Bett lagen.

»Sie glauben, dass die Beziehung der beiden besonders intensiv ist, und möchten darauf aufmerksam machen, dass Katzen Kindern wie Fraser helfen können«, antwortete ich. »Wenn es nur einer anderen Mutter hilft, die in der gleichen Situation steckt wie ich, dann sollten wir es tun.«

»Okay«, sagte er. »Solange Fraser nicht in irgendeiner Form beunruhigt wird.«

Am nächsten Tag rief ich die Dame von *Cats Protection* an und stimmte zu. Ich ging davon aus, nie wieder von ihr zu hören. Zu meiner größten Überraschung rief sie jedoch eine Stunde später wieder an und hatte erstaunliche Neuigkeiten.

»Hi, Louise, jemand von der *Daily Mail* würde sich gern mit Ihnen unterhalten«, sagte sie.

Ich schluckte. Eigentlich hatte ich gedacht, dass unsere Geschichte höchstens als Vierzeiler in einem Frauenmagazin auftauchen würde. Aber ich war bestimmt nicht davon ausgegangen, dass sich eine große, überregionale Tageszeitung dafür interessieren könnte.

»Ähm, okay«, sagte ich.

Die Journalistin von der Zeitung – sie hieß ebenfalls Liz – rief mich noch am selben Tag an und stellte mir unzählige Fragen. »Wie ist Frasers Zustand? Warum haben Sie sich entschieden, ihm eine Katze zu schenken? Wie hilft Billy ihm? Welche Veränderungen haben Sie seit Billys Ankunft beobachten können?«

Die Situation hatte etwas Unwirkliches. Während der

vergangenen Monate war ich mir albern vorgekommen, so etwas auch nur zu denken. Und jetzt erzählte ich allen möglichen Leuten davon, einschließlich einer Journalistin, die für eine Tageszeitung mit Millionen von Lesern schrieb.

Liz wollte erst noch Rücksprache mit ihrem Redakteur halten, meinte aber, dass vielleicht ein Fotograf vorbeikommen und Aufnahmen von Billy und Fraser machen würde.

»Das muss ich gut vorbereiten«, sagte ich. »Auf keinen Fall will ich, dass jemand unangemeldet bei uns vor der Tür steht.«

»Natürlich«, versicherte sie. »Wir würden auch darauf achten, dass der Fotograf Erfahrung bei der Arbeit mit Kindern wie Fraser hat.«

Wieder glaubte ich, vorerst nichts mehr zu hören, aber auch dieses Mal dauerte es nur ein paar Stunden, bis die Journalistin erneut anrief und sagte, dass in ein paar Tagen ein Fotograf namens Bruce Adams vorbeikäme.

Als ich Fraser davon erzählte, reagierte er erstaunlich gelassen.

»Ein Mann möchte vorbeikommen und von dir und Billy Fotos machen«, sagte ich und achtete darauf, ihn ja nicht unter Druck zu setzen.

»Okay«, sagte er nur und trottete los, um seinem Kumpel davon zu erzählen.

»Ein Mann kommt und macht Fotos von dir, Billy.«

Bruce Adams entpuppte sich als unglaublich netter Mann, der bereits mit behinderten Kindern gearbeitet hatte, einschließlich eines Mädchens mit Down-Syndrom, das Model für Kleidung geworden war. Und mit Tieren hatte er auch schon oft gearbeitet.

Der Fraser von früher wäre extrem misstrauisch gewesen, aber der neue Fraser kam gut mit ihm zurecht. Ich war nicht sicher, ob Billy mitarbeiten würde, aber auch er schien von Bruce fasziniert zu sein. Fraser und Billy kullerten über den Teppich und rieben die Gesichter aneinander, wie sie es an jedem anderen Tag auch taten.

»Das ist phantastisch«, sagte Bruce immer wieder, während er fast eine halbe Stunde lang ständig auf den Auslöser drückte.

Das konnte ich nicht beurteilen. Für mich war es alltäglich. Bruce sagte, die Zeitung würde sich melden, wenn der Artikel in Druck ging. Wieder dachte ich, dass es dazu vermutlich gar nicht kommen würde. Und dieses Mal schien ich recht zu behalten. Der März ging vorbei, ebenso der April und Mai. Mum und Dad lasen die *Daily Mail* jeden Tag, deshalb bat ich sie, darauf zu achten. Aber nichts. Für eine Weile war ich fast enttäuscht. Zumindest auf die Fotos hatte ich mich gefreut. Aber schließlich vergaß ich die ganze Geschichte. Ich hatte Wichtigeres zu tun.

Kapitel 11

Die Spielregeln verändern

Der beste Rat, den ich erhielt, seit Fraser auf der Welt war, kam von einer anderen Mutter. Ich lernte sie zu der Zeit kennen, als wir täglich ins Diagnosezentrum in Aberdeen fuhren, wo Frasers Autismus schließlich erkannt wurde.

Das Kind dieser Frau litt unter derselben Störung, und wir tranken ein paarmal zusammen einen Kaffee.

»Mutter eines kranken Kindes zu sein ist nicht einfach«, sagte sie mir. »Man kann die Zukunft nicht planen, muss seine eigenen Träume und Ansprüche vergessen. Man darf nur im Hier und Jetzt leben.«

Das klang zu einfach, um wahr zu sein, und ich brauchte eine Weile, um es vollständig zu verstehen. Ich bin jemand, der alles plant und organisiert. Jemand, der automatisch in die Zukunft blickt. Vielleicht hat das mit meinem Sternzeichen zu tun.

Aber nachdem wir Frasers Zustand akzeptiert hatten, erkannte ich die tiefe Bedeutung ihrer Worte. Chris und ich mussten lernen, uns auf den einzelnen Tag zu konzentrieren. Diese Feststellung hatte nichts mit Eingebung oder philosophischen Erkenntnissen zu tun. Wir hatten auch kein Selbsthilfebuch à la »Lebe den Augenblick« gelesen. Es lag vielmehr an der Einsicht, dass es die einzige realistische Option war, denn was Fraser betraf, konnte man sich auf nichts verlassen. Was an dem einen Tag funktionierte, konnte am nächsten schon wieder ein Problem darstellen. Die Regeln änderten sich ständig.

Frasers Verhalten war schon immer unvorhersehbar gewesen. Das war unsere Realität. Im Großen und Ganzen hatten wir Glück. Seine Unbeständigkeit war auf ihre Art eine Konstante, so verrückt es klingen mag. Wir wussten, welche Dinge ihn für gewöhnlich irritierten, und hatten – auf die harte Tour – gelernt, damit umzugehen. Uns war jedoch klar, dass es auch hierbei jederzeit Veränderungen geben konnte. Und genau das passierte.

Ich kann nicht sagen, wann es anfing, aber die ersten Anzeichen, dass etwas nicht stimmte, traten auf, als Fraser erfuhr, dass eine seiner Lieblingserzieherinnen im Kindergarten weggehen würde. Sie war ein aufgewecktes, fröhliches Mädchen mit unendlicher Geduld, vor allem im Umgang mit Fraser. Sie hatte ihn ins Herz geschlossen, und er mochte sie ebenfalls.

Cath erzählte mir von der Kündigung. Das Mädchen hatte eine vielversprechende Stelle als Erzieherin in einem größeren Kindergarten angeboten bekommen und verständlicherweise zugesagt.

Als ich Fraser davon erzählte, fühlte er sich hintergangen. Plötzlich behauptete er, sie nicht leiden zu können. Schlimmer noch, er wollte nicht mehr in den Kindergarten gehen, weil sie dort war.

Dabei war es – für Frasers Verhältnisse – zu einer reibungslosen Angelegenheit geworden, morgens in die Kita zu fahren. Aber über Nacht wurde es zu einem nervenzehrenden Kampf. Wenn wir morgens dort ankamen und den Wagen der Erzieherin auf dem Parkplatz stehen sahen, begann er zu schreien: »Ich will sie nicht sehen.«

Ich brauchte dann mindestens zehn Minuten, bis er sich

beruhigt hatte und bereit war, hineinzugehen. Einmal musste ich sogar aufgeben und ihn wieder mit nach Hause nehmen.

Erst als die Erzieherin nicht mehr im Kindergarten war, beruhigte sich Fraser ein bisschen. Aber der Zwischenfall schien ein neues Verhalten aktiviert zu haben. Als wäre dadurch ein Damm gebrochen. Viele der positiven Entwicklungen gerieten plötzlich ins Wanken.

Als Nächstes wirkte er zunehmend unruhig und angespannt. Er kam aus der Kita zurück und behauptete plötzlich, niemand könne ihn leiden.

Ich versuchte, ihn zu beruhigen, und zählte alle auf, die ihn mochten. Aber er wollte nichts davon hören.

»Nein, tut sie nicht. Sie mag mich nicht«, sagte er bei jedem Namen und steigerte sich immer weiter hinein. Derart heftige Wutausbrüche hatten wir bei ihm lange nicht erlebt, doch nun kehrten sie zurück.

Ich erkundigte mich bei Cath, ob es in der Kita Streit mit anderen Kindern gegeben habe, aber sie verneinte. Da Fraser sich weiterhin von den anderen fernhielt, war es auch kaum möglich, dass ihn jemand ärgerte.

Jedenfalls schien sein Selbstvertrauen derart unterhöhlt zu sein, dass er sich sogar einbildete, Pippa, Chris und ich könnten ihn nicht leiden.

»Daddy mag mich nicht«, sagte er ganz nebenbei.

»Das stimmt nicht, Fraser. Daddy liebt dich«, versicherte ich.

Aber das wollte er nicht hören. Er hielt sich die Ohren zu und schrie, bis ich schwieg. Sein seltsames Verhalten drohte zu eskalieren, und am Ende war er mit allem und jedem unglücklich. Und dann begannen sich seine Ängste auf einen Ort zu konzentrieren – sein Kinderzimmer. Wir hatten uns bemüht, den Raum so zu gestalten, dass sich Fraser gut aufgehoben und beschützt fühlte. Aber plötzlich schien jedes Teil in diesem Zimmer ein Problem darzustellen.

Als Erstes beschwerte er sich über die Farbe der Wände. Das Zimmer war in einem hellen Gelbton gestrichen. Eines Abends, als ich Fraser ins Bett bringen wollte, setzte er sich plötzlich aufrecht hin und hielt sich die Ohren zu. Er rief, die Wände seien zu laut, und begann, das ganze Haus zusammenzuschreien.

Nun schien eine Grenze der Zurückhaltung überschritten zu sein, denn schon bald beschwerte er sich über alles Mögliche. Einen Tag später wurden Chris und ich durch lautes Schreien geweckt. Es war stockdunkel, und wir dachten im ersten Moment, im Haus wäre ein Einbrecher. Aber als wir in Frasers Zimmer liefen, sagte er uns, dass Blumen von der Decke fielen.

Im ersten Moment waren wir völlig perplex und verstanden nicht, was er damit meinte. Schließlich kamen wir darauf, dass er die im Dunkeln leuchtenden Sterne meinte, die schon seit Jahren an der Decke klebten. Bisher hatten sie ihn beruhigt, aber aus einem unerklärlichen Grund bewirkten sie nun das Gegenteil. Also holten wir sie herunter.

Schon bald folgten weitere Zwischenfälle. Fraser hatte Bettzeug mit Disneyfiguren, das er sehr mochte. Aber eines Abends, als ich ihn zudeckte, strampelte er die Decke weg. »Ich will das nicht. Es sperrt mich ein«, schrie er.

»Möchtest du eine andere Decke?«, fragte ich.

Er nickte nur. Also bezog ich sein Bett in schlichtem Weiß.

Dann beklagte er sich über die wasserdichte Moltonauflage unter dem Bettlaken. Sie diente als Schutz für den

Fall, dass er sich nachts in die Hose machte oder beim Trinken etwas verschüttete. Aber plötzlich regte sie ihn auf. Sie musste ebenfalls fort.

Als Nächstes verkündete er, keine Schlafanzughosen mehr tragen zu wollen, da er dann die Knie nicht aneinanderreiben konnte.

Der Zustand wurde unerträglich, und das Schlafengehen entwickelte sich zu einem Glücksspiel. Das Baden hatte in den vergangenen Monaten relativ gut geklappt, aber auch dies wurde jetzt wieder zu einer schwierigen Angelegenheit. Noch während er in der Wanne saß, regte er sich darüber auf, dass er später nicht in sein Zimmer gehen und die »lauten Wände« sehen wolle. Und er mochte auch nicht von seiner Bettdecke »eingesperrt« werden. Es war entmutigend. Nachdem wir so große Fortschritte erzielt hatten, schienen wir uns jetzt nach hinten zu bewegen.

Zwei Dinge kamen uns zu Hilfe. Das Erste war ein Buch. Es hieß *Elf ist freundlich und Fünf ist laut,* geschrieben von einem Autisten, der unter dem Savant-Syndrom leidet. Ich erfuhr darin viel über Autismus und entdeckte etliche Parallelen zu Fraser.

Zum Beispiel verspürte dieser Mann einen so starken Ordnungsdrang, dass er jeden Morgen zum Frühstück exakt 45 Gramm Porridge aß und das Haus nicht verlassen konnte, ohne vorher zu zählen, wie viele Kleidungsstücke er am Körper trug. Im Vergleich dazu war Frasers Bedürfnis, seinen Toast in exakte Quadrate geschnitten zu bekommen, geradezu harmlos.

Wann immer dieser Mann unter Stress stand oder unglücklich war, schloss er die Augen und zählte. Ich vermutete, dass Fraser sich genauso verhielt.

Dieses Buch war in vielerlei Hinsicht eine Offenbarung.

Beim Lesen hatte ich das Gefühl, einige Facetten von Frasers Persönlichkeit zum ersten Mal zu verstehen. In einem Kapitel schrieb der Autor, dass er die schwierigsten Matheaufgaben unglaublich schnell im Kopf lösen könne und dass er Zahlen als Formen, Farben und Texturen wahrnehme. Aber er sprach auch davon, dass ihn bestimmte Farben beunruhigen. Einmal bekam er zu Weihnachten ein gelb-rotes Fahrrad. Er habe nie damit fahren können, weil es für ihn aussah, als würde es in Flammen stehen. Dann beschrieb er, dass Autisten häufig die verschiedenen Sinne durcheinanderbringen und zum Beispiel glauben, etwas zu hören, was sie in Wahrheit sehen. Als ich das las, schob sich innerlich ein Puzzlestein an die richtige Stelle: Es erklärte, warum Fraser sich über die »lauten« Wände beschwerte.

Seither hatten wir andere Farben ausprobiert und testweise ein paar Pinselstriche an die Wand gemalt. Keine der Farben beruhigten Fraser. Deshalb sagte ich eines Abends zu Chris: »Warum lassen wir ihn nicht aussuchen?«

»Ist einen Versuch wert«, antwortete er.

Also besorgte ich im nächsten Baumarkt einen Farbfächer für Wandfarben und brachte ihn eines Abends hoch zu Fraser.

»In welcher Farbe sollen wir dein Zimmer streichen, Fraser?«, fragte ich ihn.

Er zeigte mit dem Finger auf Pastellblau und Pastellgrün. Damit wussten wir Bescheid. Chris und ich verbrachten das Wochenende mit Streichen. Danach hatte Fraser ein blau-grünes Zimmer.

Bestärkt durch die Erkenntnisse aus dem Buch besorgte ich mir noch mehr Literatur. Ich stieß auf wertvolle Ratschläge, etliche konzentrierten sich auf eine geordnete Umgebung, die auf viele Autisten beruhigend wirkt.

Frasers Spielsachen lagen immer auf dem Boden griffbereit, damit er sich nehmen konnte, wozu er gerade Lust hatte. Ich folgte dem Rat aus einem der Bücher, räumte die Spielsachen in eine Kiste und schob sie unter das Bett.

Ich passte sein Zimmer komplett dem blau-grünen Farbschema an, besorgte weiße Bettwäsche mit grünen Dinosauriern und entdeckte ein paar grün-blaue Bilder für die Wände. Wir achteten akribisch darauf, dass alle in exakt der gleichen Höhe hingen und der Abstand identisch war. Es kam vor, dass Fraser nicht damit zufrieden war, wo wir einen Gegenstand hingestellt hatten, und dieser einen neuen Platz bekam. Aber schließlich stimmte alles, und nach sechs Wochen trat in Bezug auf die Schlafenszeit allmählich wieder Ruhe ein.

Billy half uns in dieser Phase sehr.

Mehr denn je erwies er sich als unsere Rettung. Er schien schon im Vorfeld zu spüren, dass sich Fraser zur Schlafenszeit aufregen würde. Billy änderte seinen Zeitplan und blieb abends länger als sonst bei seinem Freund.

Er kam weiterhin ins Badezimmer und setzte sich neben die Wanne. Und wenn sich Fraser über etwas an seinem Bett beklagte, dann legte sich Billy dorthin, als wollte er sagen, dass alles in Ordnung sei.

Wir nahmen darauf oft Bezug.

»Sieh mal, Fraser, Billy mag dein Bett«, sagten wir dann. Oder: »Billy gefällt deine Decke.«

Und wieder einmal half es Fraser, sich zu beruhigen.

»Gut, dass wir Billy haben«, sagten Chris und ich immer öfter.

Uns war klar, dass wir den Rückschlag nicht einfach abtun oder gar verschweigen konnten. Wir wurden an eine Psychologin in Aberdeen verwiesen. Dort bat man uns, bereits vor dem Termin alle Probleme und alle positiven Entwicklungen aufzulisten.

Besser gesagt das, was ich für positiv oder negativ hielt. Nachdem Chris und ich Fraser eines Abends wieder nur mit Mühe ins Bett gebracht hatten, setzte ich mich an meinen Computer und begann zu tippen. »Aktueller Stand Fraser«, schrieb ich oben auf die Seite. Dann zählte ich alles auf, was mir einfiel. Irgendwie hatte das Ganze etwas von einem Schnappschuss unseres derzeitigen Lebens. Heute noch werfe ich manchmal einen Blick auf diese Liste und schüttle ungläubig den Kopf über unser damaliges Leben.

Ich begann mit einer allgemeinen Übersicht und nannte als Erstes das, was für mich derzeit das Positivste war: Kindergarten. Fraser entwickelte sich dort gut. Das Sprechen hatte sich verbessert, auch wenn er immer noch nur zu seinen Bedingungen redete. Es gefiel ihm auch, neben den anderen Kindern zu spielen, obwohl er nicht mit ihnen zusammen spielte.

Zu Hause zeigte seine Krankengymnastik mit Lindsey allmählich ihre Wirkung. Oft konnte er die Treppe jetzt schon hinauf- und hinuntergehen, ohne sich festzuhalten. Ich erwähnte nicht, dass es meistens Billy war, der ihn dazu motivierte.

Frasers Gedächtnis war ausgezeichnet, vor allem wenn es um Autos ging. Wenn wir mit dem Wagen unterwegs waren, prägte er sich die Route sofort ein. Und wie Cath vorhergesagt hatte, nannte er nicht nur die Farben der Autos, sondern kannte auch sämtliche Modelle. »Schwarzer Range Rover«, sagte er. »Roter Ford.«

Unterm Strich gab es viele positive Entwicklungen. Frasers Sehkraft war ebenfalls erstaunlich gut. Oft sah er Dinge, lange bevor Chris oder ich sie erkennen konnten.

Manchmal zweifelten wir an seiner Behauptung, aber wenn wir dann näher kamen, stellte sich heraus, dass er recht hatte. Er konnte Dinge erkennen, die für Chris und mich nur Punkte in der Landschaft waren.

Ich erwähnte auch Frasers Fortschritte mit Zahlen und Formen.

Es gab jedoch auch viele negative Punkte. Sie aufzulisten setzte mir zu, aber ich musste es tun, wenn die Psychologin in der Lage sein sollte, uns zu helfen.

Viele Probleme waren sensorischer Natur. Sein neustes Problem hieß »Haare kämmen«, und er bekam einen Wutanfall, wenn ich es auch nur versuchte.

Ich beschrieb auch die Probleme mit dem Kinderzimmer, von den Pyjamahosen bis zur Farbe der Wände.

Noch immer konnte Fraser außer sich geraten und sehr wütend werden. Besonders schlimm war es, wenn er nicht verstand, was vor sich ging, deshalb war ich stets bemüht, Ereignisse und Veränderungen im Vorfeld anzusprechen.

An jenem Tag lief für ihn unerwartet eine Serie im Fernsehen, die er nicht mochte: *Noddy*. Sofort hielt er sich die Ohren zu und weinte.

Ich wusste, dass die Ärzte auch nach seiner Motorik fragen würden, da er bald in die Schule kam. Allmählich wurde ich müde und listete alles einfach auf.

»Fraser kann nicht: Reißverschlüsse und Knöpfe öffnen und schließen, Schnürsenkel binden, sich an- oder ausziehen. Mit Messer und Gabel essen.« Die Liste ging noch weiter. Was das Benutzen einer Toilette betraf, schrieb ich: »Weigert sich rigoros.«

Das war in vielerlei Hinsicht deprimierend. Die negative Liste war viel länger als die positive. Der Optimismus, den ich noch ein paar Wochen zuvor verspürt hatte, schwand. Ich war niedergeschlagen, aber es sollte noch schlimmer werden.

Ein paar Wochen später setzte ich Fraser und Pippa ins Auto und fuhr nach Aberdeen zu unserem Termin mit der leitenden klinischen Psychologin der Kinderklinik.

Im Sprechzimmer der Ärztin lagen überall Spielzeuge herum. Und – o Wunder – Fraser steuerte sofort auf ein Auto zu, legte es aufs Dach und drehte die Räder. Pippa entdeckte ein paar Puppen und spielte damit in einer Ecke.

Die Ärztin hatte eine dicke Akte über Frasers Krankengeschichte, die bis ins Alter von achtzehn Monaten zurückreichte und auch die jüngsten Beurteilungen der verschiedenen Therapeuten enthielt.

Sie unterhielt sich eine Weile mit Fraser. Er war gut gelaunt und sehr freundlich zu ihr. Dann stellte sie mir viele Fragen über sein Verhalten. Ich war wie immer ehrlich. Es half Fraser nicht, wenn ich die Situation beschönigte.

Ich sagte ihr, dass es drei Hauptpunkte gäbe – sein Problem, die Welt um ihn herum zu verstehen und wie er dort hineinpasste, sein gestörtes Selbstwertgefühl, das sich vor allem während der vergangenen Wochen gezeigt hatte, und nicht zuletzt sein vollständiger Mangel an Körperpflege, vor allem wenn es sich um den Toilettengang handelte.

Über die neusten Probleme sprachen wir besonders ausführlich. Dann fragte sie mich noch, wie er mit Pippa, Chris und anderen Menschen zurechtkäme. Sie hatte schwarz auf weiß, dass er nicht mit anderen Kindern spielte und sich auch während der Pausen und beim Essen von den anderen absonderte. Ich erzählte ihr von meiner Vermutung, dass sein Verhalten in der letzten

Zeit möglicherweise mit dem Ausscheiden der Erzieherin zu tun hatte. Offenbar hatte ich etwas Wichtiges
gesagt, denn die Ärztin machte sich viele Notizen. Ich
erwähnte an einer Stelle auch Billys positiven Einfluss
auf Fraser, das schien sie jedoch nicht sonderlich zu interessieren.

Ihr Hauptanliegen bestand darin, Fraser auf die anste-
hende Grundschule vorzubereiten, was ihrer Meinung
nach ein wichtiger Schritt für seine Entwicklung war.
Wir stimmten überein, dass das Töpfchentraining von
nun an erste Priorität haben musste. Sie spulte eine Liste
mit Vorschlägen ab, was ich dahingehend tun konnte.

Ihrer Meinung nach sollte ich Fraser tagsüber keine Windeln mehr anziehen, ungeachtet des Risikos »kleiner Unfälle.« Dann sollte ich dazu übergehen, ihm auch nachts
keine Windel mehr anzuziehen. Wenn ich ihn zum Kindergarten fuhr, sollte ich sicherheitshalber ein Handtuch
auf den Sitz legen. Sie warnte mich vor, dass es in den
ersten zwei oder drei Wochen vermutlich öfter »Unfälle«
geben würde.

Deshalb sei es gut, wenn ich immer ausreichend Ersatz-
kleidung im Haus und im Auto hätte. Ich erschrak beim
Gedanken an die Wäscheberge, die auf mich zukamen,
aber da mussten wir wohl durch.

Sie wies mich noch darauf hin, dass ich nie mit ihm
schimpfen dürfe, sondern einfach darüber hinweggehen
solle, wenn er zum Beispiel ins Bett machte. Dann schlug
sie mir noch vor, eine Tafel an der Wand anzubringen, auf
die ich für jede Stunde, in der er trocken blieb und kein
Unfall passierte, einen Smiley kleben sollte.

Diese Tafel konnte ich mit Belohnungen verbinden, zum
Beispiel, dass er seine Lieblingssendung im Fernsehen
anschauen durfte. Umgekehrt sollte ich es ihm nicht er-

lauben, wenn er sich weigerte zu kooperieren. Sie machte auch Belohnungsvorschläge, zum Beispiel »mit ihm nach Aberdeen fahren, um Waschmaschinen anzusehen«. Darüber schüttelte ich allerdings innerlich den Kopf.

Sie legte mir nahe, dieses System den Sommer über aufrechtzuerhalten und nicht zuzulassen, dass Fraser es unterlief.

Wichtig war auch, dass er sich im Badezimmer wohl fühlte. Er musste dort ungestört sein und sich mit einem Lieblingsspielzeug oder -buch beschäftigen können.

Die Liste ging endlos weiter. Als ich ihr Sprechzimmer verließ, drehte sich alles in meinem Kopf.

Kapitel 12

Schwarz auf weiß

Im Sommer wollten wir mit den Kindern ein paar Tage nach Essex zu meinen Eltern zu fahren. Das kam einem Urlaub am nächsten.

Es war nämlich eine weiterer trauriger Aspekt unseres Lebens, dass wir seit Frasers Geburt nicht mehr in die Ferien gefahren waren.

Da fremde Umgebungen für ihn schwierig waren, konnte sich selbst die eine Übernachtung in einem Hotel als Alptraum entpuppen, die wir einplanten, um die Strecke zu meinen Eltern nicht in einem Stück fahren zu müssen. Jede Kleinigkeit konnte einen Wutanfall auslösen. Und wir konnten auch Billy nicht mitnehmen, um heikle Situationen zu entschärfen. Also hatten Chris und ich auf Urlaub weitgehend verzichtet. Als Ersatz verbrachten wir manchmal ein paar Tage im Wohnwagen von Chris' Mum, der an der Küste von Lossiemouth stand – das war nah, und man hatte zumindest einen Tapetenwechsel.

Früher hatten Chris und ich ein gänzlich anderes Leben geführt. Damals waren wir oft im Ausland. Aber so ist das nun einmal, wenn man Kinder bekommt.

Meine Eltern kamen hervorragend mit Fraser zurecht, wodurch ich den Genuss von Freizeit erlebte. Etwas, was ich in Schottland im Grunde nicht mehr kannte.

Eines Tages wollte ich zum Friseur gehen. Mein Dad bat mich, ihm vom Zeitschriftenladen eine Ausgabe der *Daily Mail* mitzubringen. Ich erledigte das auf dem Hinweg, damit ich etwas zu lesen hatte, falls ich beim Friseur warten musste.

Während ich im Zeitschriftenladen an der Kasse anstand, schlug ich die Zeitung auf – und erlebte die Überraschung meines Lebens. Auf Seite drei starrte mir Frasers Gesicht entgegen.

»Du meine Güte«, sagte ich ziemlich laut und zog fragende Blicke anderer Kunden auf mich.

Ich überflog die Schlagzeile: *Wie die Liebe von Kater Billy es geschafft hat, einen vier Jahre alten autistischen Jungen endlich aus seinem Panzer herauszuholen.* Untertitel: *Billy hat das Leben der ganzen Familie verändert, brachte Glück und Ruhe in dieses Haus.* Darunter waren verschiedene Fotos von Fraser und Billy, die Bruce Adams gemacht hatte.

Der Artikel von Liz war wirklich schön. Sie zitierte mich oft, wobei ich schlucken musste, vor allem über die Zeile: »Es klingt verrückt, aber es wirkt beinahe so, als wäre Billy Frasers Beschützer.«

Der Artikel spiegelte genau das, was ich seit langem dachte: »Billy hat unser Familienleben völlig verändert, er hat viel von dem Stress weggenommen, es geht ruhiger und glücklicher bei uns zu. Er ist für uns wie ein Wunder.« Es war ein eigenartiges Gefühl, meine eigenen Worte in der Zeitung zu lesen.

Ich wusste nicht, ob ich lachen oder weinen sollte, also tat ich ein bisschen von beidem.

Dann eilte ich nach Hause, um meinen Eltern den Artikel zu zeigen. Die beiden breiteten die Zeitung auf dem Küchentisch aus und lasen staunend. Ich zeigte den

Artikel auch Fraser. Er verstand die Bedeutung nicht so recht, war aber begeistert, als er Billys Fotos sah.

»Opa, Billy ist in der Zeitung!«, sagte er an diesem Tag immer wieder.

Alle Eltern halten ihre Kinder für etwas Besonderes, aber die wenigsten bekommen die Bestätigung schwarz auf weiß. Noch wichtiger war, dass mir eine Last von den Schultern genommen wurde, die ich seit vielen Monaten gespürt hatte. Ich musste nicht länger fürchten, verrückt zu sein, weil ich glaubte, dass die Beziehung von Fraser und Billy etwas geradezu Magisches an sich hatte. Es war jetzt offiziell dokumentiert.

Der Artikel versetzte alle in Hochstimmung. An dem Abend saßen Chris und ich mit meinen Eltern in der Küche, und wir schwelgten lachend in Erinnerungen. Natürlich wurde hauptsächlich über die Kinder gesprochen und dabei vor allem über Fraser und Billy, deren Fotos jetzt an der Kork-Pinnwand in Mums Küche hingen.

Mein Dad hatte weitere Exemplare der Zeitung besorgt und las den Artikel noch einmal. Einen Moment lang wirkte er gedankenversunken.

»Fraser redet ununterbrochen über ihn: Billy hier und Billy da. Das erinnert mich an dich und das Kätzchen unserer Nachbarin Pam.«

»Was für ein Kätzchen?« Ich hatte keine Ahnung, was er meinte.

»Das Siamkätzchen, mit dem du dauernd gespielt hast, als du noch klein warst. Wie hieß sie noch gleich?«

»Frosty«, warf meine Mutter ein und wirkte leicht verlegen.

»Richtig, Frosty«, wiederholte mein Vater.

»Du warst genauso. Du hast von nichts anderem geredet.«

»Jetzt erinnere ich mich! Frosty hatte ich ja völlig verges-sen!«

Mit elf war ich total vernarrt in das Kätzchen gewesen. Pam war Mitglied des Katzenklubs der Siamkatzen und anerkannte Züchterin. Jedes Jahr zeigte sie mir den neuen Wurf, und ich sah mir die winzigen Kätzchen an, meis-tens etwa sechs an der Zahl. Im Laufe der Zeit hatte ich bestimmt fünfzig Katzenjunge bei Pam gesehen, aber es gab eines, das ich besonders mochte. Eigentlich war es sogar Liebe auf den ersten Blick. Der kleine Kerl war winzig und sehr süß. Sein Fell hatte einen zartlila Stich, und aus irgendeinem Grund nannte ich ihn Frosty.

Ich verbrachte viele Stunden in Pams Haus, um mit Frosty zu spielen. Irgendeinen Vorwand fand ich immer, um sofort nach der Schule hinüberzulaufen. Dort saß ich dann und bastelte kleine Spielzeuge, indem ich Garn um ein kleines Stück Pappe wickelte und dann durchs Zimmer warf. Frosty sprang wie ein Verrückter hinter-her. Ich war zu der Zeit ein glückliches Schulkind, ohne ernsthafte Probleme, aber wann immer mich etwas nerv-te, verbrachte ich ein paar Minuten mit Frosty und es ging mir wieder gut. Daran hatte ich lange nicht mehr gedacht, aber ich wusste noch, dass ich mich mit Frosty wie in einer schützenden Seifenblase gefühlt hatte, in die weder meine Eltern noch meine Schwester oder meine Lehrer eindringen konnten. Es war wie ein Zauber.

Pam hatte gewusst, dass wir beide füreinander bestimmt waren, und wollte ihn mir schenken. Aber ich kannte die Abneigung meiner Mum gegen Katzen, seit ihr eine Katze auf den Bauch gesprungen war, als sie mit mir schwanger gewesen war. Meine Befürchtung erwies sich als berechtigt. Sie erlaubte es nicht, und ich war am Bo-den zerstört.

Pam hatte Mitleid mit mir und verkaufte Frosty nicht sofort, sondern behielt ihn so lange wie möglich. Das war äußerst großzügig von ihr, denn die Katzen waren ein Vermögen wert. Aber jedes Mal, wenn ich zu ihr ging, ahnte ich, dass die Uhr tickte und auch Frosty irgendwann gehen musste.

Monatelang versuchte ich, meine Mum zu überreden, aber ohne Erfolg.

Eines Tages passierte das Unvermeidliche. Pam kam vorbei und überbrachte die Nachricht, dass sie von einer Familie angesprochen worden sei, die Frosty kaufen wollte. Er war der Letzte aus dem Wurf und in einem Alter, in dem er sich gerade noch an ein neues Umfeld gewöhnen konnte, ohne Verhaltensprobleme zu entwickeln. Sie konnte also nicht ablehnen.

Es brach mir das Herz. Eine ganze Woche lang weinte ich ständig.

»Du hast es mir eine Ewigkeit nicht verziehen, dass diese Katze nicht zu uns durfte«, sagte meine Mum, als sie sah, dass ich in Gedanken versunken war und ahnte, was mir durch den Kopf ging.

»Habe ich auch nicht.« Ich lächelte. »Ich dachte, ich könnte nie wieder glücklich sein.«

Es war seltsam. An dem Tag, als Billy in seiner Box zu uns gebracht wurde, hatte mich das an Pam erinnert, aber an Frosty hatte ich nicht gedacht. Hatte ich die Erinnerung verdrängt? Wie auch immer, jedenfalls rührte es mich immer noch, wenn ich jetzt, 25 Jahre später, daran zurückdachte.

»Ich hatte ihn tatsächlich vergessen«, sagte ich.

»Möglicherweise hat dein Unbewusstes dich gesteuert. Du wusstest, dass eine Katze Fraser helfen würde«, sagte Mum.

»Wer weiß? Auf jeden Fall war es eine gute Entscheidung«, fügte mein Vater hinzu.

Meine Eltern hatten keinen Internetanschluss, und ich besaß zu der Zeit noch kein Smartphone, mit dem ich E-Mails hätte verschicken können. Deshalb sah ich erst, als wir wieder zu Hause waren, die Flut von E-Mails, die nach dem Zeitungsartikel bei mir eingegangen war. Liz, die Journalistin, hatte mir geschrieben, dass der Artikel erschien. Liz vom Katzenschutzverein und die Dame vom Londoner Katzenschutzverein gratulierten mir beide zu dem Artikel und dankten Fraser und Billy für die gute Publicity, die ihr Verein dadurch erhielt.

Es gab auch jede Menge Briefe. Auf einem stand als Adresse nur: Louise Booth. Balmoral. Schottland.

Kurz darauf war der Artikel online und wurde mit Kommentaren überhäuft, durchweg positiver Natur. Diese Kommentare bestärkten mich in dem Gefühl, dass ich nicht allein dastand mit meiner Einschätzung. »Was für eine schöne Katze und ein süßer Junge. Sie sind eine glückliche Familie, dass Sie mit diesem besonderen Tier gesegnet wurden«, schrieb eine Australierin und brachte damit den allgemeinen Tenor auf den Punkt. »Wunder passieren immer dann, wenn man sie braucht«, schrieb eine Dame aus Amerika.

Natürlich gab es auch Leser, die religiöse Bezüge herstellten. »In bestimmten Phasen unseres Lebens schickt Gott uns ungewöhnliche Freunde, die uns helfen«, schrieb zum Beispiel jemand.

Ich freute mich, dass dieser Artikel, genau wie *Cats Protection* es sich erhoffte, einen Nerv getroffen hatte, was Autismus anging.

Der herzergreifendste Kommentar stammte von einem Mann, der bereits sein ganzes Leben versuchte, mit dieser Entwicklungsstörung zurechtzukommen. »Ich wurde in den späten vierziger Jahren geboren. Damals erkannten nur wenige Ärzte die Symptome von Autismus. Seltsame Verhaltensweisen wurden damals mit Beruhigungspillen und Aufenthalten in psychiatrischen Einrichtungen behandelt«, schrieb er. »Erst im Alter von sechzig Jahren wurde meine Krankheit korrekt diagnostiziert, und ich erhielt genügend Verständnis und Unterstützung, um ein wenig Ruhe und ein bisschen Glück zu finden. Lasst uns das Leben vieler Kinder glücklicher gestalten durch die bedingungslose Liebe von Haustieren.« Tränen traten mir in die Augen, nicht nur weil ich wusste, wie schnell es auch heutzutage noch passieren konnte, dass ein anscheinend seltsames Kind an die Seite geschoben wurde. Ich selbst hatte mit Fraser eine Kostprobe davon erhalten.

An den darauffolgenden Tagen erhielten wir Post und Geschenke von überall her. Eine Frau schickte Fraser ein Foto von sich und ihrer Katze, zusammen mit einer 20-Pfund-Note. Eine andere schickte ein Geschirrtuch mit einem hübschen Katzenbild.

Wir bekamen Anfragen von weiteren Medien, sogar aus anderen Ländern. Aber Chris und ich entschieden, alle Anfragen abzulehnen, um Fraser die ganze Aufregung zu ersparen. Wir waren nicht daran interessiert, zu Berühmtheiten zu werden oder daran zu verdienen. Und vor allem wollten wir Fraser und Billy nicht wie eine Attraktion im Varieté vermarkten.

In unserem Umfeld fiel die Reaktion wie erwartet wesentlich gelassener aus. Die Menschen hier machten nicht viel Aufhebens um andere, aber etliche erwähnten, dass ihnen der Artikel gefallen habe.

Das vielleicht netteste Kompliment erhielten wir, als wir nach unserer Rückkehr aus Essex zum ersten Mal wieder in den Kindergarten kamen.

»Hallo, Louise«, begrüßte mich Cath, als ich Fraser hineinbrachte.

»Was für ein schöner Zeitungsartikel über Fraser. Alle haben ihn gelesen. Kommen Sie herein und sehen Sie sich an, was die Erzieherinnen gemacht haben.«

An einer Pinnwand hing eine Collage aus dem Zeitungsartikel und anderen Fotos von Fraser. Vervollständigt wurde das Bild durch Glückwünsche und nette Kommentare.

»Billy ist in der Zeitung«, sagte Fraser, als er das Bild sah.

»Und du auch«, sagte eine der Erzieherinnen. »Du bist ein cleverer Junge.«

Das erinnerte mich daran, warum ich mit diesem Kindergarten so zufrieden war. Voller Energie und Tatendrang war ich aus Essex zurückgekehrt, bereit für die nächste Etappe in Frasers Leben. Die Herzlichkeit und Unterstützung, die man uns in diesem Kindergarten entgegenbrachte, verstärkten das Gefühl, dass mein Akku neu geladen war. Allerdings sollte es nicht lange dauern, bis er wieder leer war.

Kapitel 13

Alarmglocken

Als ich die Morgenpost durchging, stieß ich auf einen Brief des Kindergartens. Da die Sommerferien vor der Tür standen, nahm ich an, dass es sich um eine Einschätzung zu Frasers Entwicklung handelte oder eine Information über die im Juli und August geplanten Aktivitäten, da der Kindergarten während dieser Monate normalerweise geöffnet blieb.

Ich fand schnell heraus, dass es keines von beiden war. Dennoch musste ich den Brief zweimal lesen, um zu glauben, was dort stand. Der Kindergarten würde mit sofortiger Wirkung geschlossen. Ich müsse mich für Frasers Betreuung nach einer Alternative umsehen.

Ich fühlte mich wie nach einem Schlag in die Magengrube und musste mich erst einmal hinsetzen, um das Gelesene zu verdauen: Der letzte Tag des Kindergartens sei der 27. Juni, und allen wurde viel Glück für die Zukunft gewünscht. Vorschläge für Alternativen wurden nicht genannt.

Nachdem ich mich einigermaßen gefasst hatte, rief ich Chris an. Er verkabelte gerade einen Raum irgendwo im Schloss und hatte nicht viel Zeit zum Reden. Über die Neuigkeit war er genauso erschrocken wie ich.

Ich rief ein paar der anderen Eltern an, um in Erfahrung zu bringen, was eigentlich los war.

»Vermutlich gibt es finanzielle Probleme«, sagte eine Mutter.

»Nur acht Kinder haben den Kindergarten fünf Tage in der Woche besucht, und das war bestimmt ein Kostenproblem«, mutmaßte eine andere. »Aber ehrlich gesagt war ich so zufrieden, dass ich auch bereit gewesen wäre, etwas mehr zu zahlen«, fügte sie hinzu.

Ich dachte ähnlich. Mehr zu bezahlen wäre mir zwar nicht leichtgefallen, aber irgendwie hätten wir das Geld schon aufgetrieben.

An diesem Morgen nahm ich den Brief immer wieder in die Hand, als könnte sich der Text in der Zwischenzeit auf magische Weise verändert haben und alles wäre nur ein böser Traum gewesen.

Als mir die Tragweite dieser Veränderung zunehmend bewusst wurde, taten mir Cath und ihre Mitarbeiterinnen unendlich leid. Zwar fühlte ich mich auch von ihnen im Stich gelassen und wünschte, sie hätten mir von den Problemen erzählt. Schließlich war ich vor gerade mal einer Woche dort gewesen und hatte mit Cath über Frasers Zeitungsartikel geplaudert. Aber vor allem fühlte ich mit ihnen. Die Mitarbeiter waren alle so engagiert und warmherzig. Wo sollten sie in einer kleinen Gemeinde wie der unseren einen neuen Job finden?

Meine größte Sorge galt aber Fraser. Es war so aufwendig gewesen, für Fraser den richtigen Kindergarten zu finden. Ich fühlte mich, als hätte mir jemand den Boden unter den Füßen weggezogen. Als hätte ich einen Schritt nach vorn getan und wäre soeben zwanzig Schritte zurückgelaufen. Mir war zum Heulen zumute, und genau das tat ich auch.

Wie sollte ich das Fraser beibringen? Er würde beunruhigt sein, würde sich setzen, vor und zurück schaukeln und sich immer wieder sagen, dass alles in Ordnung sei.

Die Vorstellung, nicht wieder zurück in diesen Kindergarten gehen zu können und schlimmer noch, in einen
neuen gehen zu müssen, war für sein Leben wie die Explosion einer Atombombe.

Plötzlich fragte ich mich, ob Fraser womöglich schon
Bescheid wusste. Vielleicht hatte er im Kindergarten
etwas aufgeschnappt. Konnte das der Grund gewesen
sein, warum er zu Beginn des Sommers plötzlich mit so
vielen Problemen zu kämpfen hatte? Vielleicht hatte es
gar nicht allein am Ausscheiden der Erzieherin gelegen?
Vielleicht hatte er Wind davon bekommen, dass der
Kindergarten in Schwierigkeiten steckte? Das würde ich
wohl nie erfahren. Eines wusste ich aber: Ich hatte ein
Riesenproblem.

In ein paar Tagen begannen die Ferien. Das neue Kindergartenjahr startete sechs Wochen später, Mitte August.
Bis dahin würde mir Zeit bleiben, eine Alternative zu
finden. Ich hätte Fraser noch ein Jahr zu Hause behalten
können – der Besuch des Kindergartens war freiwillig,
und die Schulpflicht begann erst mit der Vorschule, wenn
er fünf Jahre alt war. Aber das stand nicht zur Debatte.
Fraser konnte sich nur weiterentwickeln und Fortschritte machen, wenn er so viel Kontakt wie möglich mit
der Außenwelt hatte, statt sich zu Hause in seine Seifenblase zurückzuziehen. Diese Sichtweise wurde von jedem Therapeuten und Experten unterstützt, mit dem wir
gesprochen hatten. Und nach den Ferien mussten wir die
Frequenz eigentlich sogar erhöhen und ihn fünf Tage die

Woche in den Kindergarten bringen, damit er weiter auf die Schule vorbereitet wurde. Aber in welchen?

Am praktischsten wäre der öffentliche Kindergarten in Ballater gewesen, aber dort passte Fraser nicht hin. Das ist kein Snobismus, im Gegenteil. Der Kindergarten hat einen ausgezeichneten Ruf, ist jedoch direkt in eine Schule integriert. Fraser würde sich schwertun, plötzlich mit so vielen Kindern konfrontiert zu sein.

Leider gab es keine richtigen Alternativen, so dass ich trotzdem dort anrief. Die Leiterin sagte mir, dass sie zwar noch freie Plätze hätten, sie jedoch wegen Frasers spezieller Bedürfnisse erst mit der zuständigen Erzieherin sprechen müsse.

»Dafür haben Sie sicher Verständnis«, sagte sie.

Hatte ich. Völlig.

Da ich sowieso Bedenken bezüglich dieses Kindergartens hatte, bot mir dieser Aufschub Gelegenheit, Plan B anzugehen, den ich mir zusätzlich überlegt hatte.

Ich vereinbarte einen Termin mit der Leiterin einer kleinen Grundschule in Crathie. Die Schule war im Jahr 1873 für Familien der Balmoral und Invercauld Estates sowie die Dörfer Crathie und Abergeldies gebaut worden. Es war eine süße, traditionelle Schule mit drei Klassen und einer winzigen Mensa, in der die Kinder mittags essen konnten. Zum Außengelände gehörte nicht nur ein Hof, sondern auch eine Wiese, ein Spielplatz und sogar ein kleines Waldstück. Und es gab ein Haustier – einen Hasen. Aber der entscheidende Pluspunkt war die Größe – es waren nie mehr als fünfzehn Kinder hier. Manchmal waren es sogar nur zwölf Schüler, um die sich zwei Lehrerinnen, die Schulleiterin, eine Assistenzlehrerin sowie eine Teilzeitkraft kümmerten. Im Laufe der Jahre war ich dort schon bei Krabbelgruppen, Preisverleihungen, zum Kaffeetrinken und zu Krippenspielen gewesen. Ich mochte die freundliche Atmosphäre, die mich in vielerlei Hinsicht an den Kindergarten in Ballater erinnerte. Es war eine fürsorgliche, herzliche Umgebung, in der sich etliche Kinder vom Estate prächtig entwickelt hatten.

Alles in allem schien das eine geeignete Schule für Fraser zu sein.

Die Fahrt dorthin war nicht allzu lang, so dass ich bereits ein paar Tage später bei der Leiterin vorbeischaute. Ohne um den heißen Brei herumzureden, legte ich die Karten offen auf den Tisch: Ich fragte sie, ob Fraser nach den Ferien in die Vorschulklasse aufgenommen werden könne, statt erst noch ein Jahr in den Kindergarten zu gehen. Meine Begründung war einfach: Er war nur einen Tag nach dem Stichtag auf die Welt gekommen. Hätte er wenige Stunden früher das Licht der Welt erblickt, dann würden wir jetzt bereits Maß nehmen lassen für seine Schuluniform. Welchen Unterschied konnten diese paar Stunden machen?

Die Leiterin war sehr verständnisvoll. Aber sie sagte, sie könne nicht einfach die Vorschriften umgehen. Die einzige Ausnahme gebe es bei Familien von Militärangehörigen, die von England nach Schottland versetzt wurden und deren Kinder in England oder Wales bereits mit vier Jahren eingeschult worden waren. *Wieso hatten meine Wehen nur so lange gedauert?*, fluchte ich innerlich.

Die gute Nachricht war jedoch, dass Fraser in die Spielgruppe durfte. Die Leiterin versicherte mir, dass sie ihn im darauffolgenden Jahr dann in die Schule aufnehmen werde.

Chris und ich wollten den Übergang vom Kindergarten zur Schule für Fraser eigentlich so sanft wie möglich gestalten, damit es für ihn – und die neue Schule – wenig

Stress gab. Und jetzt steuerten wir auf das größtmögliche Chaos zu. Mit Vorfreude blickte ich nicht gerade auf die vor uns liegenden Wochen und Monate.

Schließlich entschieden wir uns für einen Kompromiss. Wenn wir in Ballater einen Platz bekamen, sollte Fraser drei Tage die Woche dorthin gehen und an den anderen beiden Tagen nach Crathie in die Spielgruppe. Wenn er sich in Crathie wohl fühlte, hatten wir zumindest eine sichere Option für den Schuleinstieg.

Das klang einfach. Bedauerlicherweise kann dieses Wort, wenn es um Fraser geht, nicht oft verwendet werden. Womöglich würde er die anderen Kinder nicht leiden können, die Lehrer oder die Schule als Ganzes ablehnen. Leicht würde es auf keinen Fall. Es war dieselbe alte Geschichte: Die Spielregeln hatten sich geändert, und Fraser musste damit umgehen.

Der letzte Tag im Kindergarten, der 27. Juni, fiel durch einen seltsamen Zufall auf den Jahrestag von Billys Ankunft bei uns. Während der vergangenen zwanzig Monate hatte dieser Kindergarten starken Einfluss auf Fraser ausgeübt. Dort begegnete ich zum ersten Mal Menschen, die erkannten, dass sich hinter dem wütenden kleinen Jungen eine liebenswerte Persönlichkeit verbarg. Die Erzieherinnen hatten ihm geholfen, sich in vielerlei Weise zu entwickeln. Als wir dort anfingen, hatte Fraser so gut wie gar nicht gespielt. Er saß stets auf einem Fleck und drehte, was immer für ihn greifbar war. Mittlerweile spielte er fast so kreativ wie andere Kinder und tat zum Beispiel so, als würde er etwas kochen. Das mag alles banal klingen, aber in Frasers Welt waren es entscheidende Schritte.

Zudem hatte mir sein Aufenthalt dort ein paar freie Stunden verschafft. Diese sechs Stunden pro Woche waren ein kostbares Geschenk, vor allem, um mich ein bisschen um Pippa zu kümmern.

Ein paar Tage später schrieb die Ballater School, dass sie Fraser aufnehmen würden. Die erste Hürde war also genommen. Natürlich war gar nicht daran zu denken, dass Fraser dort am ersten Tag nach den Ferien direkt mit dem vollen Programm anfing. Er brauchte Zeit, um sich an die Umgebung und auch an die Erzieherinnen zu gewöhnen. Meine erste Priorität bestand also darin, Fraser mit dem Ort vertraut zu machen. Aber als ich dort anrief, ging niemand ans Telefon.

Am darauffolgenden Tag musste ich in Ballater Besorgungen machen und nahm Fraser mit. Spontan entschied ich, bei der Schule vorbeizufahren. In den Ferien fanden dort oft Aktivitäten statt, und ich hoffte, jemanden anzutreffen. Aber wir hatten Pech und konnten nur durch das geschlossene Tor einen Blick auf das Gelände werfen. Das war kontraproduktiv, denn nun begann Fraser, Fragen zu stellen.

»Neben wem werde ich sitzen? Wer wird mein Lehrer?« Ich bedauerte, ihn mitgenommen zu haben. Die ganze Aktion hatte lediglich seine Sorgen geschürt. Und das war das Letzte, was er – oder irgendjemand von uns – brauchte.

Ich versuchte zu verhindern, dass die bevorstehende Veränderung schon im Vorfeld zur Belastung wurde.

Eines Morgens, nachdem Fraser seine übliche Frühstücksroutine durchlaufen hatte und es im Haus ruhig war, sammelte ich ein paar Dinge ein, die für einen Außenstehenden eine seltsame Mischung darstellen mussten. Kurz darauf standen auf der Arbeitsplatte in der Küche eine Eieruhr, ein Bilderbuch und ein Töpfchen.

Nachdem ich eine Tasse Tee getrunken hatte, atmete ich tief durch, stellte die drei Dringe in die Gästetoilette im Erdgeschoss und ging ins Wohnzimmer, um Fraser zu holen. Es war gewiss nicht das erste Mal, dass ich Frasers größtes Problem angehen wollte – auf das Töpfchen zu gehen.

Mit seinen vier Jahren ging Fraser immer noch mit Windeln in den Kindergarten. Als er mit zwei Jahren dort anfing, war das nicht unüblich gewesen, eine Menge Kinder tragen in dem Alter noch Windeln. Aber bis auf ihn hatten alle in der Zwischenzeit gelernt, auf die Toilette zu gehen. Fraser dagegen weigerte sich stur, es auch nur in Betracht zu ziehen. Wann immer Chris oder ich ihn gebeten hatten, es einmal zu versuchen, hatte er das ganze Haus zusammengeschrien. In die Windeln zu machen war in seiner autistischen Welt so fest verwurzelt, dass er sich eine andere Möglichkeit gar nicht vorstellen konnte. Aber leider stellte die Situation nun ein echtes Problem dar. In dem bisherigen Kindergarten war Cath verständnisvoll und hilfsbereit gewesen. Durch ihre Erfahrung mit einem autistischen Kind wusste sie, dass Fraser es irgendwann schaffen würde, allerdings bestimmte er den Zeitpunkt selbst. Es konnte nächste Woche sein oder auch erst in zwei Jahren. Aber so lange konnten wir nicht warten.

Mit Windeln würde er auf keinen Fall in dem neuen Kindergarten anfangen. Womöglich hänselten ihn die anderen Kinder. In jedem Fall würde er sich als »speziell« entpuppen – und das nicht auf positive Weise.

Als hätten wir nicht schon genug Druck, schickte mir die Psychologin eine lange Liste mit Ratschlägen zum Töpfchentraining.

Die einzelnen Punkte standen untereinander, und einige Wörter waren unterstrichen. Diese Liste wirkte einschüchternd und auch ein bisschen bevormundend. Ich hatte Fraser schon durch viele Schwierigkeiten hindurchgeführt und war sicher, auch diese Hürde nehmen zu können, ohne wie ein Idiot behandelt zu werden, der keine Ahnung hat, wie man ein Kind großzieht.

Ein paar Dinge auf der Liste würde ich beherzigen, andere jedoch ignorieren. In jedem Fall würde ich es auf meine Weise machen.

Meine Schwester hatte mir den Tipp gegeben, mit Fraser ein Buch über das Thema zu lesen.

»Bei meinen zwei Jungs hat das echt geholfen, Louise«, sagte sie. Es gab Bücher mit Piraten und Feuerwehrmännern, die zur Toilette gehen, und solche für Kinder, die Angst haben, ins Töpfchen oder die Toilette zu machen. Ich suchte ein paar mit bunten Bildern aus und las sie ihm als Gutenachtgeschichten vor. In einem Buch wurde eine interessante Methode beschrieben, bei der die Kinder mit Hilfe einer Eieruhr dazu gebracht wurden, so lange wie möglich auf dem Töpfchen sitzen zu bleiben. Das schien mir eine Vorgehensweise zu sein, die bei Fraser funktionieren konnte.

Am Vorabend erzählte ich ihm, was wir am nächsten Tag versuchen würden, damit er davon nicht völlig überrascht wurde.

Die Grundidee bestand darin, ihn mental zu stimulieren, während er dort saß, also brachte ich die Bücher mit.

»Wenn du fünf Minuten lang hier sitzen bleibst, bekommst du zur Belohnung ein Plätzchen«, sagte ich.

Er sah mich fragend an, als wolle er überprüfen, ob ich es ehrlich meinte. Dann überlegte er einen Moment und nickte.

Ich war froh, dass mich niemand sehen konnte, wie ich neben Fraser hockte. Ich kam mir vor wie eine Verrückte, die einem Vierjährigen eine Eieruhr hinhält, während er mit heruntergezogener Windelhose auf dem Töpfchen sitzt.

Ich merkte, dass Fraser bereits unruhig wurde.

»Ich will nicht hierbleiben«, sagte er. »Ich will nicht.«

»Bitte, tu es mir zuliebe, bis der Sand durchgelaufen ist«, erwiderte ich.

Während ich auf die Uhr starrte, kam es mir so vor, als würde sich jedes Körnchen in Zeitlupe bewegen. Aber dann tauchte eine vertraute Gestalt im Türrahmen auf. Billy.

Ich hatte keine Ahnung, wieso er ins Badezimmer kam. Hatte er uns reden hören und wurde von dem Geräusch angelockt? Hatte er Fraser jammern hören? Wie üblich wusste ich es nicht. Aber ich war froh, ihn zu sehen, und noch mehr erleichterte mich, dass er sich neben Fraser plazierte und seinen Kopf an dessen Schulter schmiegte.

»Sieh nur, Billy möchte auch aufs Töpfchen«, sagte ich.

Zu meiner großen Freude blieb Fraser nun dort sitzen. Ehe ich mich's versah, waren die fünf Minuten vorbei.

Bevor ich Chris von meinem Erfolg berichtete, wartete ich ab, bis sich der Vorgang an mehreren Tagen wiederholt hatte. Schließlich wollte ich es nicht zu früh beschwören und dadurch zunichtemachen. Es musste dauerhaft funktionieren.

Beim zweiten Anlauf ließ ich die Tür absichtlich offen, damit Billy uns hören konnte. Er saß tatsächlich schon bald neben Fraser. Und wieder schien der Sand unglaublich langsam durchzurieseln. Dieses Mal ließ ich Fraser die Eieruhr halten. Er war davon fasziniert, und als der Sand durchgelaufen war, saß er immer noch auf seinem Töpfchen, streichelte Billy und redete mit ihm. Besser noch – er hatte Pipi gemacht.

»Super«, lobte ich ihn aufgeregt. »Dafür bekommst du wieder einen Keks.«

Da ich wusste, dass Fraser Chris davon sowieso erzählen würde, konnte ich nicht länger widerstehen. Als wir nach dem Abendessen kurz allein waren, berichtete ich Chris von dem Erfolg.

»Du wirst es nicht glauben, aber Fraser hat heute fünf Minuten auf seinem Töpfchen gesessen«, erzählte ich ihm.

»Ehrlich?«, fragte Chris überrascht.

»Und das war nicht das erste Mal. Gestern auch schon.«

Chris wusste besser als jeder andere, wie schwierig es gewesen war, Fraser an diesen Punkt zu bringen. Aber er wusste auch, dass wir noch einen langen Weg vor uns hatten.

»Es hat vor allem deshalb geklappt, weil Billy neben ihm saß«, sagte ich.

Chris sah mich skeptisch an.

»Vielleicht solltest du nächstes Mal dabeibleiben und sehen, wie es klappt«, schlug ich vor.

»Okay, wieso nicht direkt heute Abend vor dem Schlafengehen?«

Etwa eine Stunde später gab ich Pippa ihren Abendbrei, und Chris ging mit Fraser nach oben. Unmittelbar darauf hörte ich das Klappern der Katzentür.

Ich spähte in den Flur und sah etwas Grauweißes nach oben flitzen.

Nachdem Pippa satt war, ging ich mit ihr ebenfalls nach oben. Fraser lag im Bett, und Chris deckte ihn gerade zu. Billy saß wie üblich dabei.

»Wie ist es gelaufen?«, fragte ich.

»Gut«, antwortete Chris.

»War Billy dabei?«, fragte ich.

»Ja, er hat die Tür aufgestoßen und sich zu uns gesellt.«

»Schon seltsam, oder?«, hakte ich nach und vermied es sorgsam, ihm in die Augen zu sehen.

»Schon«, sagte er und wich meinem Blick aus.

Mir war klar, dass Chris es nicht zugeben würde, aber er war nachdenklich geworden.

Die folgenden Wochen waren anstrengend. Manchmal saß Fraser ohne zu murren zehn oder fünfzehn Minuten auf seinem Töpfchen. An anderen Tagen weigerte er sich rigoros. Und wie die Psychologin vorhergesagt hatte, gab es etliche »Unfälle«. Fraser regte sich dann immer auf, aber ich befolgte ihren Rat und spielte die Situation herunter.

Langsam, aber sicher bekam Fraser die Situation in den Griff und ging sogar allein auf die Toilette. Das einzige Problem bestand darin, dass er sich ein paarmal einschloss!

Als es das erste Mal passierte, war ich gerade in der Küche und hörte ein wehleidiges »Mummy, Mummy« aus der Toilette im Erdgeschoss.

Irgendwie war es Fraser gelungen, den Riegel an der Tür zu drehen, und er schaffte es nicht, die Tür wieder zu öffnen. Ich redete ihm gut zu, hörte jedoch, wie seine Anspannung wuchs.

»Fraser mag das Badezimmer nicht«, sagte er immer wieder. »Mach, dass es weggeht.«

Schließlich griff ich zu drastischen Maßnahmen und holte einen Schraubenzieher, um den Schließmechanismus auszubauen. Als ich die Tür endlich geöffnet hatte, fand ich Fraser zusammengekauert in der Dusche.

Abgesehen von solchen Rückschlägen lief es jedoch gut. An einem Wochenende fuhren wir zu Chris' Mutter, ohne dass Fraser sich unterwegs in die Hose machte. Ich hatte sicherheitshalber ein paar Windeln eingepackt, aber zu unserer Freude brauchte er sie nicht. Und als sich die Sommerferien dem Ende zuneigten, war ich zuversichtlich, eine weitere Hürde genommen zu haben. Nun konnte ich durchatmen und die nächste Herausforderung angehen – seinen neuen Kindergarten.

Einen Tag bevor das neue Kindergartenjahr offiziell begann, bekamen wir die Gelegenheit, mit Fraser die Räumlichkeiten in Ballater anzusehen.

Wir hatten ein offenes Gespräch mit der Schulleiterin, in dem wir ihr erklärten, warum es für Fraser wichtig war, sich im Vorfeld mit der Umgebung vertraut zu machen. Man hatte uns vorgeschlagen, vorbeizukommen, sobald die Erzieherinnen aus dem Urlaub zurück waren. Bedauerlicherweise blieb uns dadurch nur ein Tag.

Auf der Fahrt dorthin schwieg Fraser und wirkte gedankenverloren. Wir hatten auch Pippa dabei. Wir parkten vor dem Gebäude, das im Schatten des Craigendarroch lag, dem Berg, der Ballater überragte, und gingen hinein. Die Schule war in den 1950er Jahren erbaut worden, wirkte aber erstaunlich modern. Hinter der Eingangshalle erstreckte sich ein langer Flur, von dem auf einer Seite die Klassenzimmer abgingen.

Flure hatte Fraser nie gemocht, und er begann sofort mit seinen Selbstberuhigungsmechanismen. Zum Glück, denn kaum waren wir ein paar Schritte hindurchgegangen, da ertönte plötzlich lautes Klingeln. Es war das Telefon im Sekretariat, das über die Lautsprecher in allen Räumen zu hören war. Das Klingeln war ohrenbetäubend laut und ließ uns zusammenfahren. Danach musste ich Fraser beruhigen. Der Rest unseres Besuches würde nun ohne Belang sein. Ich kannte meinen Sohn gut genug, um zu wissen, dass für ihn die Würfel gefallen waren.

Die Kindergartenleiterin führte uns durch ihren Bereich. Da der Kindergarten Teil einer großen Schule bis zur 11. Klasse war, herrschte eine andere Atmosphäre als im vorherigen. Ich spürte es in jedem Raum und war sicher, dass ein sensibles Kind wie Fraser das noch sehr viel stärker wahrnahm. Er wirkte nervös und hielt die ganze Zeit meine Hand.

Auf dem Weg nach Hause fragte ich ihn nichts. Ich wollte keine große Sache daraus machen, vor allem da ich spürte, wie er sich ängstigte. Die vor uns liegenden Tage würden nicht einfach werden.

Ich möchte nicht unerwähnt lassen, dass sich die Schule viel Mühe gab, Fraser den Einstieg zu erleichtern. Am ersten Tag wurde er jedem in seiner neuen Kindergartengruppe vorgestellt, aber anschließend zog er sich zurück und spielte die ganze Zeit allein in einer Ecke, so, wie er es früher getan hatte. Die ersten beiden Tage vergingen ohne besondere Vorkommnisse, aber er wirkte erleichtert, wenn er nach Hause kam, und vor allem wenn er Billy sah.

Ich schöpfte Mut, aber leider ließen die Probleme nicht lange auf sich warten.

Als ich ihn am dritten Tag im Kindergarten abholen kam, fand ich ihn in einem fürchterlichen Zustand vor. Er weinte und wirkte verängstigt.

»Was ist los, Fraser?«, fragte ich.

»Die Toilette ist böse«, sagte er und umklammerte meine Hand.

Ich hatte gegenüber den Erziehern nicht erwähnt, dass Fraser erst seit kurzem keine Windeln mehr trug, weil ich nicht wollte, dass er als noch schwieriger eingestuft wurde, als er ohnehin war.

Es stellte sich heraus, dass es um etwas anderes ging.

In den Toilettenräumen gab es Deckenlüfter, die automatisch ansprangen, wenn das Licht eingeschaltet wurde. Eine der Erzieherinnen hatte Fraser zusammen mit ein paar anderen Jungen zur Toilette begleitet und das Licht eingeschaltet. Laute Geräusche elektrischer Geräte hatten ihn schon immer beunruhigt, vor allem wenn sie unerwartet auftraten.

Die Erzieherin wirkte ein bisschen überfordert angesichts der Situation, aber ich beruhigte sie.

»Es ist nicht ungewöhnlich, dass er sich so verhält«, erklärte ich ihr.

Ein paar Tage später nahm sie mich jedoch erneut zur Seite.

»Heute hat sich Fraser wieder sehr aufgeregt«, sagte sie. »Eine Kollegin wollte mit ihm durch den langen Flur bis zur Aula gehen. Aber er weigerte sich und wurde richtig wütend, als sie darauf bestand.«

Die Art und Weise, wie sie das Wort »richtig« betonte, verriet mir, dass er vermutlich wie am Spieß gebrüllt hatte.

Ich erzählte ihr von dem lauten Telefonklingeln bei unserem ersten Besuch.

»Ah, das erklärt, warum er ständig von der Klingel redet«, sagte sie.

Wir überlegten gemeinsam, was man tun konnte, um Fraser zu beruhigen, aber nun war der Geist aus der Flasche. Die Saat der Angst würde bald keimen.

An den folgenden Tagen kam er in unruhigem Zustand nach Hause. Fraser besitzt die Fähigkeit, Dinge endlos zu wiederholen, auch wenn er sich über etwas freut. Aber wenn es ihn belastet, kann es dazu führen, dass er sich verrennt. Er hört dann gar nicht mehr auf.

Während dieser ersten Tage sagte er dieselben Dinge fünfzig oder sechzig Mal am Tag.

»Ich muss nicht durch den Flur gehen«, sagte er zum Beispiel.

»Ich mag die Klingel nicht.«

»Der Ventilator auf dem Klo ist böse.«

Nach ein paar Wochen hatte er sich derart hineingesteigert, dass er vor Angst erstarren konnte. Als würde jemand von ihm verlangen, von einem Hochhaus zu springen. Er konnte nicht einmal durchschlafen, sondern wurde nach ein paar Stunden wach und redete wieder davon.

Chris oder ich standen dann auf, gingen zu ihm und versuchten ihn zu beruhigen oder lasen ihm etwas vor, damit er wieder einschlief. Das konnte bis zu einer halben Stunde dauern. Es zehrte uns langsam aus.

Morgens bereitete Chris in der Küche Frasers Frühstück zu, während ich oben seinen Protest anhörte, den er gleich nach dem Wecken äußerte.

»Ich mag die Klingel nicht, Mummy, ich mag die Klingel nicht.«

Ein paarmal ließen wir ihn zu Hause, um uns allen eine Pause zu gönnen. Auch wenn der Kindergartenbesuch nicht verpflichtend war, konnte das aber keine Lösung sein. Es war notwendig, dass Fraser weiterhin den Kindergarten besuchte. Andernfalls würde er sich abkapseln und so sehr in sich zurückziehen, dass unsere bisherigen Fortschritte vergebens sein würden. Von daher mussten wir diese Situation durchstehen.

Von Seiten der Schule kam man uns sehr entgegen und bemühte sich um Lösungen für die beiden vorherrschenden Probleme.

Zum einen ließen die Erzieherinnen das Licht aus – und damit auch den Deckenlüfter –, wenn Fraser zur Toilette ging. Und wenn er von einem Ende des Gebäudes ins andere musste, gingen sie mit ihm durch den Notausgang, dann über den Hof und vorn wieder herein. Auf diese Weise brauchte er nicht durch den Flur.

Darüber hinaus baten sie mich zu einem Gespräch, um weitere Schritte zu überlegen. Es wurde sogar erörtert, ob er Billy in den Kindergarten mitbringen konnte.

Fraser hatte bereits angefangen, den anderen von ihm zu erzählen, und seine Erzieherin fragte sich, ob es ihm bei der Überwindung seiner Ängste helfen würde, wenn er seinen besten Freund bei sich hatte.

Aber das war nicht machbar. Es gab Sicherheits- und Hygienevorschriften. Außerdem hätte das endgültig alle Aufmerksamkeit auf Fraser gezogen. Es wäre auch für Billy unangemessen gewesen, denn dann hätte er viele Stunden in einem geschlossenen Raum verbracht, die er sonst für seine Ausflüge nutzte.

Das hatte sich also erledigt. Außerdem leistete Billy zu Hause schon genug Hilfe.

Noch vor ein paar Jahren wussten wir uns keinen Rat, wenn sich Fraser einmal in der mentalen Abwärtsspirale befand. Aber nun hatten wir unseren bemerkenswerten Billy.

Während dieser angespannten Wochen war er stets präsent. Sobald sich Fraser über die Schulklingel aufregte, war Billy sofort zur Stelle. Oft war er uns sogar einen Schritt voraus. Wenn Chris oder ich nach oben gestürmt kamen, war Billy bereits auf seinem Posten, lag entweder zusammengerollt am Fußende von Frasers Bett oder neben ihm.

Dieser Kater kann hellsehen, dachte ich eines Abends.

Wir hatten es jetzt schon oft erlebt, trotzdem war es jedes Mal wie ein Wunder. Wir konnten uns noch so sehr anstrengen, Fraser zu beruhigen. Billy entschärfte eine Situation innerhalb von Sekunden. Allmählich bröckelte sogar Chris' Skepsis.

»Ist dir aufgefallen, dass Billy zurzeit nachts nicht oft nach draußen geht?«, fragte er eines Abends, als wir im Bett lagen.

Auch an diesem Tag hatte Billy uns geholfen, Fraser zu besänftigen. Ich murmelte zustimmend und ahnte, worauf er hinauswollte.

»Das ist komisch, denn jetzt ist für ihn die beste Jahreszeit zum Jagen«, sagte er.

»Genau.« Ich lächelte in mich hinein.

»Als wüsste er, wann Fraser ihn braucht. Hinter diesem Kater steckt mehr, als man auf Anhieb erkennen kann«, sagte er, drehte sich zur Seite und schaltete die Nachttischlampe aus.

Ich knipste meine ebenfalls aus. Es kostete mich viel Anstrengung, nicht laut zu kichern.

Kapitel 14

Tom und Billy

Als sich der Sommer dem Ende entgegenneigte, hatte sich Fraser allmählich in seinem neuen Kindergarten eingewöhnt. Der Flur und die Klingel störten ihn immer noch, aber zum Glück erwähnte er beides lediglich ein Dutzend Mal am Tag. Und er wachte nachts nur noch selten deswegen auf.

Dass man mit ihm nun um das Gebäude herumging, statt durch den Flur, war eine gute Lösung.

Die beiden Tage pro Woche, die er in der Spielgruppe der Crathie School verbrachte, trugen ebenfalls dazu bei, dass er ausgeglichener wurde. Er fühlte sich dort zu Hause, und die kleine Gruppe und die fürsorgliche Umgebung taten ihm gut. Dort ging man so verständnisvoll mit ihm um, dass sogar die Schulklingel abgeschaltet wurde, nachdem ich der Leiterin von dem Erlebnis in Ballater berichtet hatte. Das bestärkte mich in dem Wunsch, Fraser nach den Sommerferien in Crathie einzuschulen. Wenn er es irgendwo schaffte, dann dort, dessen war ich mir sicher.

Die Phase der Rückschläge lag nun einige Monate zurück, und meine Zuversicht wuchs, dass wir wieder auf dem richtigen Weg waren.

Ich wertete es als gutes Zeichen, dass sich sein Geschmack bezüglich Fernsehsendungen verändert hatte. Wiederholung und Routine entspannten Fraser, deshalb hatte er lange Zeit immer wieder dieselben Filme angeschaut, die für kleine Kinder gedacht sind. Er mochte vor allem *In the Night Garden,* eine beliebte BBC-Sendung für Ein- bis Vierjährige, in denen farbenfrohe Figuren namens Igglepiggle und Upsy Daisy in einem Zauberwald mit riesigen Blumen leben. Die Folgen konnte er sich wieder und wieder ansehen. Er strahlte förmlich, wenn er sie sah und vor allem hörte. Es gefiel ihm wohl deshalb, weil dort nicht viele Worte gemacht wurden und die Sendung eher aus Formen, Geräuschen und Farben bestand, was für ihn vermutlich verständlicher war. Aber nun war er dazu übergegangen, sich Trickfilme anzuschauen. Am besten gefiel ihm *Tom und Jerry,* das war auch mein Favorit.

Eines Tages saß ich im Wohnzimmer und las Zeitung, während sich Fraser eine Episode anschaute. Wie üblich wurde Tom von Jerry ausgetrickst, und Fraser lachte laut auf.

Plötzlich wandte er sich mir zu und sagte: »Mummy, Billy ist wie Tom.«

Im ersten Moment dachte ich, das bezöge sich auf Billys Aussehen, denn eine gewisse Ähnlichkeit bestand tatsächlich. Aber als ich länger zuschaute, fielen mir weitere, teils drollige Parallelen auf. Die offensichtlichste war natürlich, dass auch Billy uns zum Lachen brachte.

Zum Beispiel gab seine Beziehung zu Toby oft Anlass zur Heiterkeit. Normalerweise hatten die beiden nicht viel miteinander zu tun. Sie gingen sich weiträumig aus dem Weg, vor allem weil Toby mit den Jahren noch träger geworden war und den ganzen Tag irgendwo im Haus schlief. Aber hin und wieder rangen die beiden auf dem Teppich. Das hatte wirklich etwas von einem Zeichentrickfilm. Sie vollführten ein seltsames Ritual und be-

wegten sich wie zwei Sumoringer, die ihren Gegner ein-
schüchtern wollen, bevor sie sich auf ihn stürzen. Toby
ging dabei mit peitschendem Schwanz hin und her, während Billy ihn fixierte. Und dann, ganz plötzlich, sprang
Toby mit einem Satz auf Billys Bauch und drückte ihn
mit seinem Gewicht zu Boden. Die beiden rollten als
Fellball über den Teppich, bis Toby nicht mehr konnte,
was nicht allzu lange dauerte.

Billy war jünger, fitter und stärker, und ich bin sicher, er
hätte Toby ordentlich verprügeln können, wenn er ge-
wollt hätte. Aber die beiden kämpften nur zum Spaß, es
gab kein Fauchen oder Jaulen. Billy amüsierte es, und er
ließ sich jedes Mal darauf ein.

Auch im Garten hatte sich Billy zu einem Entertainer
entwickelt. In einer Ecke stand ein kleiner Baum, auf den
er gern kletterte, wenn er mit Fraser spielte. In dem einen
Moment umkreiste er Frasers Beine, im nächsten schoss
er den Stamm hinauf wie ein Eichhörnchen. Oben umklammerte er mit Vorder- und Hinterbeinen einen Ast
und schaukelte daran. Fraser und Pippa fanden das unglaublich komisch. Billy hing minutenlang dort oben,
während die beiden auf ihn zeigten und lachten.

»Sieh dir Billy an, sieh dir Billy an«, rief Fraser dann
immer.

Manchmal hätte ich schwören können, Billy legte es darauf an, diese Reaktion zu provozieren.

Beide Kater waren ständig auf eine Extramahlzeit aus,
so war es keine Überraschung, dass Futter bei vielen von
Billys Possen eine Rolle spielte.

Eines Sommertags saßen wir alle auf einer Decke im
Garten, als Billy lässig angelaufen kam. Wie üblich war
er nach dem Frühstück verschwunden, kam nun zurück
und wollte vermutlich mit Fraser spielen.

Pippa entdeckte ihn als Erste, und dann rief auch Fraser: »Sieh nur! Billy!« Chris und ich wandten in der Erwartung die Köpfe, dass Billy eine Jagdbeute mitbrachte. Erschrocken sahen wir, dass seine Vorderseite über die ganze Brust hinunter und sogar die Vorderpfötchen gelb waren.

Er sah aus, als wäre er in Eigelb gefallen. Die Kinder amüsierten sich köstlich, und Fraser rief ihn von da an immer Eggy Billy. Pippa bewunderte ihren großen Bruder und hatte ein Alter erreicht, in dem sie ihn so oft wie möglich kopierte.

»Eggy Billy«, rief auch sie.

Ich nahm Billy mit rein, um ihn abzuwaschen. Mir war schleierhaft, was das für Farbe war, aber dann erinnerte mich der Geruch plötzlich an etwas. Es war Kurkuma, ein Gewürz, das ich für Currys benutzte. Vielleicht hatte er in einer Mülltonne gewühlt, in der die Reste eines Currys lagen. Es dauerte jedenfalls eine ganze Woche, bis der Geruch wieder verschwunden war.

Manchmal schien er alles zu essen, was man ihm hinhielt. Nicht lange nach dem Curry-Zwischenfall war ich in der Waschküche gerade dabei, die Maschine zu leeren, als Fraser angelaufen kam. Es musste wichtig sein, denn er widerstand der Versuchung, die Trommel zu drehen.

»Mummy, sieh dir Billy an«, sagte er und zog an meinem Hosenbein.

»Was ist denn, Fraser? Du siehst doch, dass ich zu tun habe!«, erwiderte ich.

»Komm, Mummy.«

Ich ging in die Küche und sah, dass Pippa neben Billy auf dem Boden saß und Grissini in der Hand hielt.

»Hier, Billy«, sagte sie und bot ihm eine an, die er unverzüglich anknabberte.

Dann zog sie die Hand zurück und biss in das andere Ende.

»Gib ihm mehr, Pippa«, forderte Fraser sie auf.

»Nein!«, rief ich und war mit einem Satz bei ihr, um das letzte Stück gerade rechtzeitig zu erhaschen, bevor es in Billys offenem Mäulchen verschwand.

Zum Glück haben sie in die unterschiedlichen Enden gebissen, dachte ich entsetzt und musste trotz allem lachen. Als ich Chris abends davon erzählte, verschluckte er sich fast an seinem Tee.

Billy hatte wie Tom die Angewohnheit, sich in die bizarrsten Situationen zu bringen. Manche davon waren lustig, aber nicht alle. Zu einem besonders amüsanten Zwischenfall kam es, als Pippa eines Tages mit ihm spielte. Fraser war in der Kita, und Chris arbeitete. Es war so ruhig in Pippas Zimmer, dass ich misstrauisch wurde und vom Flur aus nach oben rief:

»Alles in Ordnung, Pippa?«

»Ja, Mummy. Ich wechsle Billys Windel.«

»Du tust was?«

»Ich wechsle seine Windel. Er hat einen wunden Popo.«

Ich hatte noch nicht den Fuß auf die erste Stufe gesetzt, da kam mir Billy entgegengeschossen. Er war mit einer weißen Paste überzogen, die ich sofort als Wundschutzcreme identifizierte. Kopf, Rücken und Schwanz waren eingecremt.

»Billy, wie siehst du denn aus?«, rief ich und schnappte mir das nächstbeste Küchentuch. Aber bevor ich ihn erwischte, war er durch die Katzenklappe auf und davon.

Er blieb ein paar Stunden weg, und als er zurückkam, war die Creme getrocknet, und Billy sah aus wie ein Marshmallow. Ich brauchte eine Ewigkeit, um ihn zu säubern.

Billy brachte sich aber auch immer wieder in ernste

Schwierigkeiten. Die erschreckendste Episode ereignete sich an einem Wochenende im Spätsommer, als wir – zum Glück – nicht da waren. Ich bin froh, dass wir es nicht mit ansehen mussten.

Als wir nachmittags vom Einkaufen aus Aberdeen zurückkamen, sah ich einen Haufen auf der Wiese liegen. Er fiel sofort ins Auge, weil Chris an diesem Morgen den Rasen gemäht hatte und bei unserer Abfahrt alles ordentlich gewesen war.

Mich überkam sofort ein ungutes Gefühl.

»Was ist denn hier passiert?«, fragte ich Chris.

Bei näherer Betrachtung entpuppte sich der Haufen als Tierkot. Daneben lag ein Büschel Haare. Ich ging näher heran. Es bestand kein Zweifel. Die Haare stammten aus dem Fell einer Katze.

Ich stöhnte innerlich.

Man musste kein Sherlock Holmes sein, um herauszufinden, was passiert war. Ein kleines Stück die Straße hinauf befand sich die Royal-Lochnagar-Brennerei. Seit ein paar Wochen gab es dort einen Labrador. Wir lebten in einer landwirtschaftlichen Gegend mit vielen Nutztieren, und die meisten Leute hatten ihre Hunde deshalb einwandfrei erzogen und unter Kontrolle. Aber aus irgendeinem Grund durfte dieser Labrador frei herumlaufen. Er war angriffslustig und hatte schon ein paarmal für Probleme gesorgt.

Mehr als einmal war er über unseren niedrigen Gartenzaun gesprungen und hatte sein Geschäft auf unserem Rasen verrichtet. Eines Morgens hatte ich ihn dabei durchs Küchenfenster beobachtet und war sofort hinausgelaufen, um ihn zu verscheuchen. Mit einem Satz war er über den Zaun gesprungen und den Hügel hinauf zur Brennerei gelaufen.

»Dieser verdammte Hund war wieder in unserem Garten«, sagte ich zu Chris. »Sieht so aus, als hätte er eine der Katzen angegriffen, vermutlich den armen alten Toby.«
Es war naheliegend, auf Toby zu tippen. Seit einer Weile erfreuten wir uns warmen Sommerwetters, und Toby hatte sich angewöhnt, ausgiebig in der Sonne zu dösen. Er war älter und langsamer als Billy und konnte vermutlich nicht schnell genug fliehen, wenn dieser Labrador unvermittelt auftauchte. Billy war meiner Meinung nach zu schlau und flink, um sich schnappen zu lassen.
Keine der Katzen war in der Waschküche oder auf der Veranda. Nachdem ich die Kinder ins Haus gebracht und die Einkäufe verstaut hatte, ging ich nach oben, um nachzusehen, ob es den beiden Katern gutging. Zu meiner Überraschung fand ich Toby schlafend an seinem üblichen Platz, nahe der Heizung in unserem Schlafzimmer. Ich kniete mich hin, um ihn zu untersuchen. Er hatte keine Verletzungen.
»Anscheinend war es doch Billy, der in den Kampf verwickelt wurde«, sagte ich zu Chris, der den Haufen im Garten beseitigte, bevor die Kinder zum Spielen hinausgingen.
»Wenn ich hiermit fertig bin, sehe ich mich mal nach ihm um«, antwortete Chris.
»Ich mache uns eine Tasse Tee und helfe dir gleich suchen«, schlug ich vor. »Vielleicht ist er bis dahin auch wieder aufgetaucht.«
Aber eine gute Stunde später gab es von Billy immer noch keine Spur. Es war ein lauer Sommerabend. Die Vögel zwitscherten in den Bäumen. Chris und ich teilten uns auf. Ich ging die Straße hoch zur Brennerei, während er sich aufs Fahrrad setzte und in Richtung Estate fuhr.
Wieder einmal suchten wir die Nadel im Heuhaufen.

Billy konnte überall sein. Aber da ich mir ernsthaft Sorgen machte, wollte ich zumindest versuchen, ihn zu finden.

Allerdings konnte ich die Kinder nicht lange allein lassen, also ging ich zwischendurch immer wieder ins Haus, um nach ihnen zu sehen. Nachdem ich eine Dreiviertelstunde die nähere Umgebung abgesucht hatte, gab ich auf. Kurz darauf kam Chris zurück, er hatte ebenfalls keinen Erfolg gehabt.

»Vielleicht versteckt er sich irgendwo und wartet, bis es dunkel ist«, sagte er und glaubte wohl selbst nicht daran.

Keiner von uns konnte sich entspannen. Zum Glück war Fraser mittlerweile an Billys Streifzüge gewöhnt, so dass er ohne seinen Freund eingeschlafen war.

Wir wollten gerade nach oben ins Bett gehen, als wir das unverkennbare Geräusch der Katzenklappe hörten.

Ich öffnete die Vordertür, und Billy kam mir entgegengehumpelt. Er sah ziemlich mitgenommen aus. An seinem Rücken gab es eine kahle Stelle, an der ein großes Stück Fell fehlte. Glücklicherweise hatte er nur Schürfwunden und keine ernsthaften Bissverletzungen. Ich holte eine Schüssel mit Wasser und säuberte ihn behutsam.

Während ich vorsichtig die Wunden abtupfte, gingen mir alle möglichen Gedanken durch den Kopf.

Was für eine Szene mochte sich heute im Garten abgespielt haben, während wir einkaufen waren? Vielleicht war es eine blutigere Version der Raufereien von Tom und Spike in den *Tom und Jerry*-Trickfilmen. Ich war so froh, dass Fraser nichts davon mitbekommen hatte. Es hätte ihn traumatisiert. Am dankbarsten war ich allerdings dafür, dass Billy die Sache heil überstanden hatte.

Am nächsten Morgen ging es ihm augenscheinlich gut. Nach dem Frühstück humpelte er ins Wohnzimmer und legte sich neben Fraser, als sei alles in Ordnung. Fraser bemerkte die Blessuren natürlich, sagte jedoch nichts. Aber er ging besonders liebevoll mit ihm um. Billy litt vermutlich und hätte bestimmt am liebsten den ganzen Tag in der Waschküche geschlafen, statt zu spielen. Aber wie immer war er für seinen besten Freund da.

Bei *Tom und Jerry* dreht sich die Handlung meist um Toms vergebliche Versuche, Jerry zu fangen. Es gibt aber auch viele Folgen, in denen die Freundschaft der beiden und die Sorge um den anderen im Vordergrund stehen. Dieselben Aspekte zeigten sich auch bei Billy und Fraser, manchmal weit über das übliche Maß hinausgehend.

Der Kampf mit dem Hund hatte ein weiteres Mal bewiesen, dass Billy allein auf sich aufpassen konnte. Dennoch durfte Fraser ihn wie ein Kuscheltier behandeln. In den vergangenen Wochen hatte er sich sogar von Fraser herumtragen lassen, als sei er eine Puppe.

Ich beobachtete die beiden eines Morgens dabei und hätte mich beinahe an meinem Frühstückskaffee verschluckt. »Fraser, was machst du da? Du wirst Billy noch weh tun!«, rief ich, während Fraser Billy um den Bauch fasste. »Nein, er mag das!«, antwortete Fraser. »Sieh doch.«

Er setzte Billy auf den Boden, schob dann erneut die Arme unter seinen Bauch und hob ihn hoch. Billy ließ sich schlaff hängen.

»Er mag es auch, wenn ich ihn trage«, fuhr Fraser fort und ging mit Billy davon, der vom schaukelnden Transport gänzlich unbeeindruckt wirkte.

Ich war aus verschiedenen Gründen erstaunt. Zum einen übten wir mit Fraser seit Jahren mit bescheidenem Erfolg, Dinge anzuheben. Wegen seiner Muskelschwäche war es für ihn schon schwierig, eine Tasse und einen Teller von der Küche ins Wohnzimmer zu tragen. Häufig war unterwegs eines von beiden heruntergefallen. Für den Kindergarten hatten wir ihm einen besonders kleinen Rucksack besorgt, aber er wäre mit dem Gewicht beinahe nach hinten gekippt.

Zu sehen, wie er nun Billy herumtrug, war deshalb überwältigend. Einmal führte er es vor, als meine Mum zu Besuch war, und auch sie reagierte sprachlos.

Noch bemerkenswerter war jedoch die Tatsache, dass Billy es überhaupt zuließ. Wenn Chris, Pippa oder ich es versuchten, wand er sich heraus und schoss davon.

Daran konnte man erkennen, wie innig die Beziehung der beiden war und wie sehr sie einander vertrauten. Sie hatten sich zu ihrer eigenen Version von Tom und Jerry entwickelt – zu Fraser und Billy.

Kapitel 15

The Monster Mash

Die Nacht hatte sich über Balmoral gesenkt, aber auf dem gesamten Estate herrschte Trubel: Familien in Pudelmützen und reflektierenden Jacken marschierten mit Fackeln ausgerüstet zum Schloss. Ab und zu wurde die Stille durch das Knallen eines Feuerwerkskörpers oder das Zischen einer Rakete unterbrochen, die in den Himmel schoss und irgendwo in der Ferne explodierte.

Es war Halloween, und alle schienen in Feierlaune zu sein – außer uns.

Die Tradition der Feierlichkeiten an diesem Tag ging zurück bis zu Queen Victoria, die jeden Oktober an dem großen Fackelumzug teilgenommen hatte. Zusammen mit Hunderten von Bediensteten und Pächtern samt Familien marschierte sie zum Schloss, wo jedes Jahr an Halloween ein großes Feuer entzündet wurde. Ich hatte Berichte darüber in einer Chronik des Estates gelesen, die so klangen, als sei es eine Riesenparty gewesen. Man trank auf die Monarchin und tanzte Reel, den schottischen Volkstanz. Es wurden sogar lebensgroße Hexen- und Zaubererpuppen verbrannt. Offenbar hatte Victoria es geliebt, wenn alle in gruseligen Kostümen herumliefen, so dass dieses Fest als Highlight im Kalender von Balmoral galt.

Die königliche Familie nahm heute zwar nicht mehr daran teil, doch immerhin dauerte die Tradition nun seit mehr als einem Jahrhundert an. Die jüngeren Mitglieder der Königsfamilie kamen zwar manchmal her, um Halloween zu feiern, aber sie zogen sich dann zu Partys auf die privaten Jagdsitze zurück, die überall in der ausgedehnten Landschaft von Balmoral verstreut lagen. Die Party vor dem Schloss war nun mehr oder weniger für die Angestellten und deren Familien.

In der Vergangenheit hatte Fraser unterschiedlich auf Halloween reagiert. Während unseres ersten Jahres in Schottland, nachdem wir kurz zuvor in das Torhaus gezogen waren, hatte ich ihn warm eingepackt und mitgenommen zu der als Hexe verkleideten Märchenerzählerin, die in einem Zelt nahe dem Schloss die Kinder unterhielt. Er hatte es geliebt. Sogar das kleine Feuerwerk gefiel ihm. Leider mochte er die Party, die jedes Jahr an Halloween für die Kinder der Angestellten organisiert wurde, weitaus weniger. Also verzichteten wir darauf. Fraser mochte eigentlich keine Partys mit vielen Kindern, die er nicht kannte – vor allem wenn die auch noch als Dracula oder Frankenstein verkleidet waren.

Deshalb war sein Verhalten in diesem Jahr ein deutliches Zeichen seiner Fortschritte. Vielleicht hatte es mit seiner Spielgruppe zu tun, in der Halloween im Herbst eine große Rolle spielte. Kürbisse wurden geschnitzt und spitze Hexenhüte gebastelt. Jedenfalls begann er Mitte Oktober, sich mit Halloween zu beschäftigen.

»Was passiert an Halloween?«, fragte er mich eines Morgens.

Fraser mochte weder *Scooby-Doo* noch andere Zeichentrickfilme, die ihn ängstigten, und er bekam Panik bei der Aussicht auf »Süßes oder Saures«. Fremde an unserer

Tür waren von jeher ein Problem, und es wäre Fraser nicht im Traum eingefallen, bei anderen Menschen an die Tür zu klopfen. Deshalb konzentrierte ich mich bei der Antwort auf jene Aspekte von Halloween, die ihm zusagen würden.

»Das ist eine besondere Nacht, in der sich die Menschen verkleiden, um ein Lagerfeuer versammeln, ein Feuerwerk entzünden und die Kinder jede Menge Süßigkeiten bekommen«, sagte ich. »Du warst schon einmal dabei. Erinnerst du dich an die Hexe, die Märchen vorgelesen hat?«

»Kann sich Fraser dieses Jahr verkleiden?«

»Wenn du magst.«

»Kann Fraser ein Kostüm bekommen?«

Wie Fraser nun einmal war, änderte er seine Meinung nach diesem Gespräch noch ein Dutzend Mal, nicht nur im Hinblick auf sein Kostüm, sondern auch bezüglich der Frage, ob er überhaupt hingehen wollte. Eine halbe Stunde bevor wir losziehen wollten, hatte er sich entschieden, zu Hause zu bleiben. Er hatte draußen Tumult gehört, als unsere Nachbarn zum Aufbruch rüsteten. Das hatte ihn so sehr aufgeregt, dass er sich die Ohren zuhielt. Glücklicherweise war Billy zu dieser Tageszeit immer im Haus. Fraser rollte sich mit ihm ein paar Minuten auf dem Wohnzimmerboden zusammen, dann war die Angst verflogen.

Ich hatte es geschafft, ihm ein süßes Kostüm anzuziehen. Er trug ein rotes Piratenkopftuch und eine Piratenweste, eine Augenbinde und ein weißes T-Shirt mit einem Totenkopf. Er sah allerdings überhaupt nicht furchterregend aus, sondern ziemlich niedlich. Ich konnte nicht widerstehen, ein Foto von ihm zu machen.

Chris war pünktlich von der Arbeit nach Hause gekommen und hatte sich umgezogen. Wir freuten uns auf

diesen Abend. Es gab nicht viele Gelegenheiten, in gesel-
ligem Rahmen mit den anderen Angestellten vom Estate
zusammenzukommen. Freunde riefen an und fragten, ob
wir wirklich kommen würden. Sie wussten, wie schnell
sich unsere Pläne durch Fraser ändern konnten.

»Momentan sieht es so aus, als wären wir dabei«, sagte
ich.

Die Party für die Kinder begann um 19.00 Uhr. Eine
Viertelstunde vorher schnappten wir uns Fackeln und
Leuchtstäbe, von denen wir ein paar an Pippas Buggy
befestigten, und machten uns auf den Weg zum Schloss.
Unterwegs trafen wir andere Familien, die ebenfalls mit
ihren aufgeregten Kindern unterwegs waren. Fraser re-
dete ununterbrochen, seine Aufregung stieg mit jedem
Schritt.

Die Festlichkeiten begannen mit Fackelspielen vor dem
Schloss. Alle Kinder bekamen Leuchtstäbe – was Fraser
liebte – und spielten Fangen. Fraser machte mit und gab
sein Bestes, mit den größeren und schnelleren Kindern
mitzuhalten. Zur Belohnung gab es eine Handvoll Süßigkeiten, die er umständlich in seine bereits prall gefüllte
Tasche steckte.

»Fraser mag Süßigkeiten«, sagte er in den nächsten Minuten immer wieder.

Anschließend gingen wir zu einem alten Pavillon im
Garten, wo die Märchenerzählerin saß und auf die Kinder wartete. Pippa und Fraser setzten sich zusammen mit
anderen Kindern auf den Boden des Zeltes und hörten
aufmerksam zu. Hinterher gab es noch mehr Süßigkeiten, was Pippa mit freudigem Quietschen quittierte.

Von da aus ging es weiter zum Cricket-Platz, wo die Angestellten ein Feuerwerk vorbereitet hatten. Es war nicht
ganz wie bei der Abschlussfeier der Olympischen Spiele,

aber es machte Spaß, und noch wichtiger war, dass es Fraser gefiel. Als die erste Rakete hochging, saß Pippa in ihrem Buggy, und Fraser stand zwischen Chris und mir, hielt unsere Hände.

Wieder einmal musste ich zurückdenken, wie es noch vor einem oder zwei Jahren gewesen war. Fraser hätte den Weg zum Schloss gar nicht zurücklegen können, und das Feuerwerk hätte ihm Angst eingejagt. Als er nun bei jeder glitzernden Explosion in die begeisterten Ausrufe einstimmte, wechselten Chris und ich einen jener Blicke, die keiner Worte bedurften. Dies war einer der Momente, von denen wir geträumt hatten, als wir Eltern wurden. Augenblicke wie diese waren für uns selten und kostbar, aber es hatte sich gelohnt, darauf zu warten.

Es war noch nicht spät, und die Kinder hatten Riesenspaß. Also gingen wir mit den anderen in das Gebäude, in dem während der Touristensaison ein Souvenirshop untergebracht ist, und gesellten uns zu den anderen Familien.

Es gab Sandwiches, Chips und lustige Halloween Drinks mit Namen wie Fledermausblut, den Fraser begeistert hinunterstürzte. Pippa saß in ihrem Buggy und betrachtete fasziniert das Geschehen. Ich holte auch für sie etwas zum Knabbern und zum Trinken.

Für die Erwachsenen gab es Glühwein und Häppchen. Chris und ich nutzten die Gelegenheit, um mit einem Ehepaar zu plaudern, das wir vom Estate kannten.

Wir unterhielten uns angeregt bei einem Glas Glühwein, als mein Blick auf Fraser fiel.

»Chris, sieh nur!« Ich zupfte an seinem Hemd.

Jemand vom Hauspersonal hatte angefangen, für die Kinder Halloween-Tanzmusik aufzulegen. Fraser war mitten auf der Tanzfläche und tanzte begeistert zu dem alten Hit *Monster Mash* von Bobby Pickett and the Crypt-Kickers.

Ich wusste nicht, wo er tanzen gelernt hatte, aber er bewegte sich wunderbar auf seinen Piedro Boots. Er hätte zu einer Ska-Band gehören oder die Miniversion von Suggs bei Madness sein können, wie er die Arme in die Luft stieß und den Po im Rhythmus der Musik bewegte. Er hatte einen Riesenspaß.

Keiner von uns hatte ein Smartphone dabei, so dass wir diesen Augenblick nicht für die Nachwelt festhalten konnten. Aber diesen Anblick werde ich ohnehin nie vergessen.

Gegen 20.30 Uhr war der Spaß zu Ende. Als wir in die Dunkelheit hinausgingen, waren unsere Leuchtstäbe und Fackeln winzige Lichtpunkte in der Weite der Highlands. Wir waren in Hochstimmung. Das war zweifellos die beste Feier, die wir je gemeinsam in Balmoral besucht hatten.

Fraser redete immer noch von der Kinderdisko und dem Fledermausblut.

»Fraser hat den Mash gemacht«, sagte er.

»Das hast du, Fraser«, bestätigte ich. »Du bist ein richtig guter Tänzer.«

Frasers übliche Schlafenszeit war längst verstrichen, und ich merkte ihm die Müdigkeit an, aber dennoch wollte er Billy noch ausgedehnt von dem Abend berichten, so dass wir die beiden schließlich trennen mussten.

»Jetzt wird geschlafen, morgen früh gehst du in den Kindergarten«, sagte ich zu Fraser, während Chris Billy nach unten in die Waschküche schickte.

»Halloween ist schön, Mummy«, sagte Fraser, als ich ihn zudeckte.

»Da hast du recht, Fraser«, versicherte ich.

Chris und ich saßen noch eine Weile zusammen und redeten über den Abend. Wir waren überglücklich. Fraser
hatte sich auf eine Weise verhalten, die wir uns noch
vor kurzem nicht hätten vorstellen können. Er war mit
Menschenansammlungen, lauter Musik und einem Feuerwerk zurechtgekommen und hatte sogar mit uns an
einem Fest teilgenommen und getanzt.

»Woher kommt das nur?«, fragte Chris und lachte, als
ich ihn an Frasers *Monster Mash* erinnerte.

Im Juli zuvor wäre es undenkbar gewesen, dass Fraser
so unbefangen und selbstsicher tanzt. Wahrscheinlich
wäre er bei der lauten Musik auf dem Boden herumge-
rollt und hätte wie am Spieß geschrien.

Irgendwie gelang es uns, immer mehr Hürden zu überwinden. Fraser ging zunehmend aus sich heraus und
wurde dabei zu einem fast normalen Jungen, der einfach
Spaß hatte.

»Wir sollten einfach weitermachen wie bisher«, sagte ich.
Chris nickte lächelnd.

»Es ist schwierig, aber ich spüre, dass wir auf einem guten Weg sind.«

Als ich an jenem Abend im Bett lag, ging ich unsere
derzeitige Situation im Kopf immer wieder durch. Aber
dieses Mal tat ich es endlich einmal vergnügt und opti-
mistisch.

Nach ein paar Monaten in dem neuen Kindergarten und
in Crathie machte Fraser weitere Fortschritte. Zweifellos
zeigte es Wirkung, dass er fünf Tage die Woche mit ande-

ren Kindern zusammen war. Vor allem die Erzieherinnen in Crathie ermutigten ihn sehr, aus seinem Schneckenhaus herauszukommen. Und dann war da natürlich noch Billy. Ohne jede Frage war er ein wichtiger Teil dieser Gleichung.

Manchmal saß ich in der Küche, betrachtete Billy und versuchte herauszufinden, worin sein Geheimnis bestand. Er war keine dieser berühmten Katzen, die man im Internet Klavier spielen sieht. Er war nicht einmal besonders niedlich, sondern wirkte eher eigenwillig. Aber er verfügte über Eigenschaften, die außergewöhnlich waren. Je besser wir ihn kennenlernten, desto deutlicher wurde das.

Immer wieder schüttelten wir ungläubig den Kopf, wie gut er Fraser verstand. Meiner Ansicht nach spürte Billy Dinge, die weit über unser Begriffsvermögen hinausgehen, vor allem, was unsere Gesundheit betraf. Das war uns bereits vor Augen geführt worden, als Fraser unter der starken Impfreaktion litt, und es passierte wieder, als es ein paar Wochen nach Halloween richtig kalt wurde.

Ich war in der Küche, um für Chris und mich ein verspätetes Abendessen zuzubereiten. Die Kinder waren im Bett, aber ich hatte die Babyphones eingeschaltet. Fraser war ein bisschen erkältet, deshalb hatte ich sicherheitshalber seine Temperatur gemessen und ihm Fiebersaft gegeben. Es ging ihm nicht außergewöhnlich schlecht, dennoch hatte ich lieber für den nächsten Tag einen Termin beim Arzt vereinbart. Wegen seines Asthmas war ich stets vorsichtig.

Als ich sein Zimmer verlassen hatte, war Fraser schon fast eingeschlafen. Er war müde, und die Nachtruhe würde ihm guttun. Als ich das Geschirr wegräumte, fiel mir auf, dass ich durchs Babyphone zwar nichts von Fraser hörte, aber dafür ein durchdringendes Miauen.

»Was soll das denn?«, fluchte ich vor mich hin, weil ich fürchtete, Billy könnte Fraser aufwecken.

Ich ging in Frasers Zimmer und sah, dass Billy aufgeregt um das Bett herumging, wie ein Wachmann auf Patrouille.

Fraser schlief tief und fest.

»Schluss jetzt, Billy, das reicht«, flüsterte ich und legte ihn auf seine übliche Stelle am Fußende von Frasers Bett.

Dann ging ich nach unten, um weiter aufzuräumen.

Kaum zwei Minuten später ging der Lärm wieder los.

In dem Moment kam Chris herein, der draußen am Auto herumgeschraubt hatte.

Er hörte sofort das Miauen.

»Wer ist das? Billy?«

»Ja, er ist fürchterlich aufgeregt, aber ich habe keine Ahnung, weswegen.«

»So kann ich nicht hochgehen«, sagte Chris und zeigte mir seine ölverschmierten Hände. »Du solltest ihn aus Frasers Zimmer holen, sonst weckt er ihn noch.«

Entnervt ging ich wieder nach oben, holte Billy und verbannte ihn auf die Veranda, sonst wäre er sofort wieder zu Fraser gelaufen. Selbst dort ging er auf und ab wie ein nervöser Tiger im Käfig. Als ich an jenem Abend schlafen ging, konnte ich mir immer noch keinen Reim darauf machen.

Am nächsten Morgen fuhr ich mit Fraser zum Arzt. Ich rechnete fest damit, dass es nur eine leichte Erkältung war, deshalb überraschte es mich, als der Arzt Fraser gründlich untersuchte und mir dann mitteilte, es handle sich um eine akute Mandelentzündung.

»Ich verschreibe ihm ein Antibiotikum, und Fraser muss mindestens eine Woche im Haus bleiben«, sagte der Arzt. »Sie haben eine gute Intuition, Mrs. Booth«, fügte er hinzu. »Ihnen war klar, dass es etwas Ernstes sein muss.«
Ich traute mich nicht, ihm zu erzählen, dass der wahre Experte unser Kater war.

Kapitel 16

Fröhliche Weihnachten

Die schwache Wintersonne brach mühsam durch die Wolkendecke, und über den Ufern des Dee hing dichter Nebel.

Wir schnallten die Kinder in ihren Autositzen fest, verstauten die letzten Reisetaschen und Geschenke im Kofferraum und brachen in der Dämmerung auf. Vor uns lag eine lange Fahrt.

Dieses Jahr nahmen wir die 400 Meilen nach Essex auf uns, um mit meinen Eltern zu feiern.

Ich war schon immer ein Familienmensch und freue mich, wenn ich die Festtage mit meinen Eltern, meiner Schwester und ihrer Familie verbringen kann. Aber wie üblich war meine Vorfreude von Sorgen überschattet, schließlich hatten wir eine elfstündige Fahrt vor uns, und die winterlichen Straßen waren genauso unkalkulierbar wie Fraser.

Das Reisen blieb einer der Bereiche, mit denen sich Fraser im Laufe der Jahre nicht hatte arrangieren können. Nicht einmal Billy konnte daran etwas ändern.

Dabei liebte Fraser Autos und kannte sämtliche Marken. Aber die Palette der Dinge, die einen Wutausbruch auslösen konnten, war nun einmal sehr weit gefächert.

So mochte er es zum Beispiel überhaupt nicht, wenn ihm die Sonne ins Gesicht schien, und er konnte sich fürchterlich aufregen, wenn wir ihr entgegenfuhren. Mehr als einmal musste Chris an den Straßenrand fahren und warten, bis sie am Horizont verschwunden war.

Eine Sonnenbrille stand nicht zur Debatte, da er das Gefühl eines Fremdkörpers in seinem Gesicht hasste und sich strikt weigerte, sie aufzusetzen. Folglich kauften wir teure Sonnenblenden für die Autoscheiben. Auch davon war er nicht begeistert, aber seine Beschwerden hielten sich nun in Grenzen.

Als Chris noch mit dem Wagen zur Arbeit fuhr, brauchten wir zwei Autos. Damals hatten wir einen schwarzen Mazda und einen grauen Renault. Fraser wollte nur in dem schwarzen Mazda fahren.

Das war vor allem deshalb interessant, weil ich mit dem Renault einen Unfall hatte, als ich einmal mit Pippa unterwegs war. Zum Glück war Fraser nicht dabei gewesen. Wir befanden uns seinerzeit auf der Rückfahrt von Ballater. Der Wagen kam in einem Waldstück auf der vereisten Fahrbahn ins Schleudern, drehte sich um 360 Grad und blieb wie durch ein Wunder genau zwischen zwei Bäumen stehen. Pippa und ich trugen keinen Kratzer davon – im Gegensatz zu dem Wagen. Als er von der Straße abkam, rutschte er über ein paar Baumstümpfe, und der Unterboden wurde aufgerissen.

Der Wagen verschwand für sechs Wochen in einer Werkstatt, und obwohl wir Fraser nichts von dem Unfall erzählten, muss er es irgendwie geahnt haben.

Seit wir auf dem Balmoral Estate wohnten, brauchten wir nur noch ein Auto und hatten den Mazda verkauft – zu Frasers großem Verdruss. »Ich mag das graue Auto nicht«, beschwerte er sich auf dem Weg von Ballater nach Balmoral. Aber wie so oft beruhigte er sich auch dieses Mal wieder – irgendwann.

In einer idealen Welt hätte er die weite Strecke nach Essex nicht mit dem Wagen zurücklegen müssen. Der Flughafen von Aberdeen lag nur eine Fahrtstunde entfernt, stellte für uns aber keine Alternative dar. Nicht nach dem, was sich kurz nach Frasers zweitem Geburtstag ereignet hatte.

Wenn ich die fünf schlimmsten Augenblicke mit Fraser aufzählen sollte, dann wäre mein Rückflug von Luton nach Aberdeen sicherlich dabei.

Wir waren kurz vor Frasers Geburtstag für ein paar Tage zu meinen Eltern geflogen, und alles lief glatt.

Als meine Eltern uns jedoch eine knappe Woche später zum Flughafen brachten, nahm die Katastrophe ihren Lauf.

Meine Mutter begleitete uns in den Terminal, um mir beim Einchecken zu helfen. Sie passte auf Fraser auf, während ich den Koffer abgab und unsere Tickets vorzeigte. Bis dahin war alles in Ordnung.

Aber als wir zum Fahrstuhl gingen, um in den Wartebereich hinaufzufahren, veränderte sich Frasers Stimmung schlagartig. Wenn ich heute daran zurückdenke, lag es vermutlich am Quietschen der Räder unter meinem kleinen Trolley, den ich als Handgepäck dabeihatte. Es war ein Rumpeln und Quietschen – genau die Art Geräusch, die Fraser irritiert.

Er saß in seinem Buggy und geriet derart in Rage, dass sein Kopf glühte wie ein Feuermelder.

Während wir den Sicherheitscheck passierten, merkte ich, dass die anderen Leute sich von uns abwandten.

»Wieso kann sie ihn nicht beruhigen?« Dieser Vorwurf stand den Leuten förmlich ins Gesicht geschrieben.

Ich befand mich am hinteren Ende der Schlange. Als wir an der Reihe waren, fragte ich, ob mir jemand behilflich sein könnte, den Buggy auf das Laufband zu hieven, das durch den Scanner lief. Aber niemand meldete sich. Mühsam schaffte ich es allein.

Fraser schrie noch lauter. Es wurde so schlimm, dass mich jemand vom Sicherheitspersonal fragte, ob ich einen Arzt brauchte.

Irgendwann erbarmte sich ein anderer Passagier und hob den Buggy vom Laufband, so dass ich Fraser hineinsetzen konnte.

Dann standen wir in der nächsten Schlange, bevor es auf die Rollbahn ging, wo die abflugbereite Maschine wartete.

Niemand wollte sich in meiner Nähe aufhalten oder mir gar in die Augen sehen. Ich kam mir vor wie eine Aussätzige.

Als wir endlich im Flugzeug saßen, war Fraser vom Schreien derart angestrengt, dass er seine Kleidung völlig durchgeschwitzt hatte.

Eine freundliche Stewardess reichte mir ein feuchtes Tuch, um ihm die Stirn zu kühlen.

Als Chris uns am Flughafen von Aberdeen abholte, schwor ich, dass ich mit Fraser nie wieder ein Flugzeug besteigen würde.

Und so kam es, dass wir in jenem Jahr ein paar Tage vor Weihnachten bei Sonnenaufgang im Auto saßen. Wir hatten gelernt, solche Fahrten so stressfrei wie möglich zu gestalten, und im Laufe der Zeit eine Routine entwickelt, die meistens funktionierte.

Wir fuhren die Strecke in einem Stück, machten lediglich drei längere Pausen. Die erste Rast legten wir für gewöhnlich in Stirling ein, noch auf schottischem Boden, die zweite in der Nähe von Carlisle und schließlich eine letzte in der Nähe von Lancaster an der M6.

Um Probleme zu vermeiden, gingen wir mit Fraser nicht auf die öffentlichen Toiletten an den Rastplätzen. Das Geräusch von elektrischen Handtrocknern machte ihm Angst. In den Jahren zuvor hatte ich ihm einfach die Windeln gewechselt, aber jetzt trug er keine mehr. Also hatte ich ein Töpfchen gekauft, auf das er sich im Auto setzen konnte und dessen Inhalt ich dann in der Toilette entsorgte.

Dieses Jahr verlief die Fahrt erstaunlich reibungslos. Zum Teil lag das daran, dass sich Fraser zum ersten Mal auf Weihnachten freute. Zusammen mit den anderen aus seiner Spielgruppe in Crathie hatte er beim Krippenspiel in der angrenzenden Crathie Kirk mitgewirkt, der Kirche der königlichen Familie. Fraser spielte ein Schaf und sang im Chor mit – eine beachtliche Leistung für ihn.

Die Schule hatte die Aufführung einfühlsam vorbereitet. Die Erzieherinnen gingen mit den Kindern schon vor dem Gottesdienst in die Kirche, damit sie sich an die Räumlichkeiten gewöhnten und nicht eingeschüchtert waren. Als ich Fraser gemeinsam mit den anderen Kindern dort vorn stehen sah, kullerte mir eine Freudenträne über die Wange. Ich hatte die Erfüllung dieses Wunsches eigentlich längst abgeschrieben.

Auch auf der Balmoral-Kinderparty hatte er dieses Jahr sehr viel mehr Spaß. Ihm gefiel vor allem das Geschenk von der Queen, ein Spielzeug-Mini-Cooper auf einer kleinen Rampe mit winzigem Lenkrad und einem Knopf. Betätigte man den Knopf, dann schoss der Cooper in einem Satz von der Rampe herunter.

Fraser freute sich auch auf die Söhne meiner Schwester, die ebenfalls mit uns feiern würden.

Ich wechselte mich beim Fahren mit Chris ab, und wir

kamen gut voran. Am frühen Abend trafen wir rechtzeitig zum Essen bei meinen Eltern ein.

Fraser hatte sich im Haus meiner Eltern schon immer wohl gefühlt. Das Gebäude bedeutete für ihn Sicherheit und Geborgenheit. Meine Mutter hatte das Essen bereits vorbereitet. Fraser griff tüchtig zu und plapperte die ganze Zeit. Dank Lindsey hatte er in den vergangenen Monaten gelernt, selbständig mit dem Löffel zu essen.

Das Gespräch drehte sich die ganze Zeit um zwei Themen – die Autos, die er unterwegs gesehen hatte, und Billy.

Es war eine endlose Abfolge von Einzeilern.

»Fraser liebt Billy, Granddad.« – »Billy ist meine graue Katze.« – »Billy hat eine Maus gefangen.« – »Billy klettert auf Bäume.« – »Billy macht Quatsch.«

Im Haus meiner Eltern schläft Fraser immer gut. Das mag an der Müdigkeit nach der langen Fahrt liegen, hat aber sicher auch damit zu tun, dass es dort turbulenter zugeht als bei uns zu Hause. Auf Dauer wäre das Leben im Südosten Englands für Fraser jedoch zu unruhig, auch deshalb schätzte ich unsere Zurückgezogenheit in den Highlands.

Nach dem Essen ging es sofort ins Bett. Fraser teilte sich bei meinen Eltern immer ein Zimmer mit Pippa. Er ging zur Toilette und putzte sich die Zähne, bevor er uns eine gute Nacht wünschte. Chris las ihm wie üblich eine Gutenachtgeschichte vor, während ich mit meiner Mum in der Küche eine Tasse Tee trank und wir uns gegenseitig auf den neuesten Stand brachten.

Niemand konnte Frasers Fortschritte besser beurteilen als meine Eltern. Wie auch Chris' Mum sahen die beiden ihn nur alle paar Monate und entdeckten auf den ersten Blick, ob sich etwas getan hatte. Die beiden hatten Höhen und Tiefen, Fortschritte und Rückschläge miterlebt. Meine Mum und vor allem mein Dad nehmen kein Blatt vor den Mund. Sie würden nie etwas beschönigen und waren in der Vergangenheit manchmal schmerzhaft ehrlich zu mir, vor allem als ich mir nicht eingestehen wollte, dass ich Hilfe brauchte.

An jenem Abend bekam ich jedoch nur positive Kommentare zu hören.

»Kaum zu glauben, wie sehr er sich seit dem letzten Mal entwickelt hat«, sagte meine Mum.

»Da war er auch ganz schön angeschlagen«, sagte ich. »Das war im Sommer, als alles zusammenbrach.«

»Das stimmt, aber er ist wie ausgewechselt. Er wirkt viel glücklicher.«

Meine Eltern hatten schon vor langer Zeit gelernt, sich auf Frasers besondere Bedürfnisse einzustellen. Jetzt staunten sie darüber, wie gut er gehen und reden konnte und sich an Gesprächen beteiligte. Und dass er keine Windeln mehr brauchte und ohne Lätzchen mit Messer und Gabel essen konnte, kam einem Wunder gleich.

»Weißt du, was das Beste ist, das du je getan hast?«, fragte mich meine Mutter. »Ihm eine Katze zu besorgen. Ihm diesen kleinen Billy zu schenken. Ich glaube, das hat viel bewirkt.«

Kurz darauf gesellte sich Chris zu uns, und wir wechselten das Thema, aber ihre Worte klangen mir noch lange im Ohr.

Wenn ich ehrlich sein soll, kam ich mir immer noch albern vor, dass ich Frasers Beziehung zu Billy so viel Bedeutung zumaß. Sogar nach dem Zeitungsartikel wenige Monate zuvor gab es Phasen, in denen ich mich fragte, ob Billy wirklich so viel ausgerichtet hatte, wie ich glaubte. Oder war ich eine Mutter, die jede Objektivität verloren hatte und nach Erklärungen suchte, wo es keine gab? Das würde ich wohl nie erfahren. Aber eines war auf keinen Fall Einbildung: Seit Billy bei uns war, machte Fraser unglaubliche Fortschritte. Das konnte jeder sehen, der Fraser kannte. Und nur das zählte. Nach den lobenden Worten meiner Eltern fühlte ich mich, als hätte ich mein erstes Weihnachtsgeschenk bereits bekommen, deshalb entschied ich, meinen Eltern auch ihres zu geben.

Ich sah Chris an, und er nickte.

»Wir haben Neuigkeiten für euch«, sagte Chris ein bisschen nervös.

Mum und Dad sahen erst mich an, dann einander und dann wieder Chris.

»Was denn?«, fragte mein Dad.

Chris bedeutete mir, ich solle fortfahren.

»Ich bin schwanger«, sagte ich.

Wir waren nicht sicher gewesen, ob wir es schon sagen sollten, waren aber derart in Hochstimmung, dass wir es doch nicht für uns behalten konnten. Es war eigentlich noch ein bisschen früh, denn ich war erst in der achten Woche. Kurz vor Weihnachten war ich bei uns zu Hause in der Küche ohnmächtig geworden und musste mit dem Krankenwagen nach Aberdeen in die Klinik gebracht werden. Aber dort stellte sich heraus, dass ich lediglich zu niedrigen Blutdruck hatte. Jetzt ging es mir wieder gut.

Meine Eltern wussten, dass Chris und ich uns noch ein Kind wünschten – trotz der schwierigen Geburten von Pippa und Fraser. Deshalb freuten wir uns riesig, als meine Ärztin Anfang Dezember meine Vermutung bestätigte.

Aus diesem Grund gab es dieses Jahr an Weihnachten besonders viel zu feiern. Am Weihnachtsmorgen traf meine Schwester mit ihrem Mann und den beiden Söhnen ein, die mittlerweile sieben und zehn Jahre alt waren, nur zwei beziehungsweise fünf Jahre älter als Fraser. Die drei Jungs kamen prima miteinander zurecht.

Für seine Geschenke zeigte Fraser wie immer nur mäßiges Interesse. Lieber erzählte er von Billy und berichtete seinen Cousins, dass sich Sandy, Cilla und Murray um Billy kümmerten.

»Murray mag Billy«, sagte er ein paarmal.

Es gab ein paar Dinge an Weihnachten, die Fraser nicht so viel Spaß machten wie anderen Kindern: zum Beispiel Knallbonbons. Das lag vor allem daran, dass er zu schwach war, um sie aufzureißen. Aber er mochte die lustigen Überraschungen darin und trug gern seinen Papierhut.

Am meisten mochte er das Weihnachtsessen. In jenem Jahr aß er alles, einschließlich Truthahn samt Beilagen und Mousse au Chocolat zum Nachtisch.

Anschließend sahen wir ein bisschen fern und spielten dann noch Scharade. Fraser machte mit, obwohl er die meiste Zeit lachend durchs Zimmer lief und keine Ahnung hatte, um was es ging. Bis auf eine Ausnahme.

»Ich habe keine Lust mehr auf Filme oder Bücher«, sagte ich. »Jetzt müsst ihr ein Tier erraten.«

Die anderen Erwachsenen sahen mich im ersten Moment befremdet an. Und als ich mir ein paar Grissini aus der Küche holte, schüttelten sie ungläubig die Köpfe.

»Okay, es geht los«, sagte ich.

Ich begann auf die übliche Weise und legte einen Finger auf meinen Arm, um zu signalisieren, dass das Rätsel aus einem Wort bestand. Von da an improvisierte ich und hielt mir als Erstes jeweils zwei Finger wie Hasenohren an den Kopf.

»Tier«, sagte mein Vater, offenbar immer noch nicht von meiner Idee überzeugt.

Und dann begann ich, einen Grissino mit Pippa zu teilen. »Hier, bitte schön, Pippa, beiß ab. Gut. Jetzt ein Bissen für mich. Gut.«

»Wer ist das?«, fragte ich und erntete nur verwirrte Blicke, mit einer Ausnahme. Fraser hatte plötzlich aufgehört herumzulaufen und stand mit offenem Mund und weit aufgerissenen Augen da.

»Das ist Billy«, sagte er, und alle klatschten Beifall. Fast während der gesamten Rückfahrt nach Schottland redete Fraser nur über diesen einen Augenblick.

Kapitel 17

Der sechzehnte Sinn

Das neue Jahr war drei Wochen alt, als eine arktische Kaltfront dafür sorgte, dass sich Balmoral in eine winterliche Märchenlandschaft verwandelte. Die Landschaft lag unter einer weißen Decke, und die Granittürme des Schlosses waren mit eisigem Zuckerguss überzogen, so dass es aussah wie in einem Disneyfilm.

Auch unser Garten war tief verschneit. Chris, Fraser und Pippa liefen hinaus, um einen Schneemann zu bauen.

Chris rollte zwei große Kugeln und setzte sie aufeinander, während die Kinder und ich die Feinarbeit leisteten. Fraser hatte sich nie sonderlich für Schnee interessiert, aber nun begleitete er uns hinaus und stapfte in der neuesten Ausgabe seiner Piedro Boots herum.

Die einzigen Familienmitglieder, die uns keine Gesellschaft leisteten, waren Toby und Billy. Bei Toby war das vorhersehbar, ihm war es viel zu kalt und ungemütlich. Billy war zwar kurz nach draußen gekommen, hatte sich aber seltsam verhalten. Er rannte quer durch den Garten, blieb knapp zwei Meter vor mir abrupt stehen, sprang dann mit einem Satz vor meine Füße und raste wieder weg. Es war auch eigenartig, dass er es nur bei mir machte, nicht aber bei Fraser, Pippa oder Chris.

Die anderen drei fanden es witzig.

»Billy dreht durch!«, rief Chris und warf einen Schnee-ball nach ihm.

Wir nahmen an, dass er wegen des Schnees so überdreht war. Dabei konnte es nicht seine erste Begegnung mit Schnee sein, schließlich war er in den Highlands auf-gewachsen. Wir wussten, dass er im Jahr 2010 geboren worden war, und in dem Jahr hatte es besonders viel ge-schneit. In jedem Fall dachten wir nicht weiter über sein Verhalten nach.

Es kehrte nun, nachdem das Jahr begonnen hatte, wieder Ruhe ein, was für mich sicherlich gut war. Ich war in der elften Schwangerschaftswoche und oft müde. Mein Blut-druck war seit der Ohnmacht im Dezember zum Glück stabil, und ich erklärte mir diesen kleinen Zwischenfall damit, dass ich ein paar Jahre älter war als bei meinen ersten beiden Schwangerschaften und mich bereits um zwei Kinder kümmern musste. Dennoch bemühte ich mich, den Alltag ruhiger anzugehen.

Ein paar Tage nach seinem seltsamen Auftritt im Schnee wurde Billy zunehmend sonderbar. An einem Montag tat er etwas, was er nie zuvor getan hatte und was er auch danach nie wieder tat: Er verrichtete sein Geschäft im Haus.

Wir besaßen kein Katzenklo, da Toby und Billy immer nach draußen gingen. Aber aus irgendeinem Grund hatte sich Billy entschieden, an diesem Tag in der Küchenecke auf dem gekachelten Boden eine Pfütze zu hinterlassen. Ich ertappte ihn sozusagen auf frischer Tat. Als ich ihn neben der gelben Pfütze stehen sah, reagierte ich er-schrocken und ärgerlich.

»Billy, was machst du für eine Sauerei?«, rief ich.

Das passte gar nicht zu ihm. Wie alle Katzen war er ein sehr reinliches Tier. Aber sein seltsames Verhalten ging noch weiter. Am Abend sprang er mit einem Satz auf die Arbeitsplatte. Auch das hatte er nie zuvor getan.

»Runter da, Billy«, verscheuchte ich ihn.

Er trottete erst langsam davon und begann dann, wie verrückt die Treppe hinauf- und wieder hinunterzurasen. Als ich in den Flur trat und ihn beobachtete, warf er mir einen seltsamen Blick zu, rannte in die Waschküche und sprang auch dort auf die Arbeitsplatte.

Ich hatte keine Zeit, ihn zu verjagen, weil das Telefon klingelte. Es war meine Mum.

»Billy verhält sich so merkwürdig«, erzählte ich ihr, nachdem wir sämtliche Neuigkeiten ausgetauscht hatten.

»Hat er vielleicht Flöhe?«, fragte sie. »Unsere Katze hatte früher mal welche, das muss ziemlich unangenehm für sie gewesen sein.«

»Ich glaube nicht, aber ich werde nachsehen. Vielleicht hat er sich tatsächlich bei anderen Tieren Flöhe geholt.«

Nach dem Telefonat nahm ich mir Billy vor, konnte jedoch nichts entdecken.

Am nächsten Tag dauerte das sonderbare Verhalten an. Er tauchte plötzlich aus irgendwelchen Ecken auf und sprang auf meine Füße. Allmählich fühlte ich mich verfolgt, und das Ganze kam mir unheimlich vor. Pippa führte sich ähnlich auf, wenn ich telefonierte und sie meine Aufmerksamkeit erregen wollte. Dann zupfte sie an meiner Hose und rief unentwegt: »Mummy, Mummy.« Aber warum sollte Billy das tun? Ich hatte keinen blassen Schimmer.

Dienstagnacht wurde es noch verrückter, geradezu unglaublich. Die Kinder lagen bereits im Bett, und Chris war nach oben gegangen, um zu baden. Ich saß in der Küche und machte Kreuzworträtsel, als ich plötzlich ein lautes Geräusch hörte. Ich sah an der Haustür und im Flur nach, konnte aber nichts Ungewöhnliches entdecken.

Schließlich sah ich Billy draußen vor der Hintertür, wo er mit seinen Pfoten auf die Klinke schlug.

»Dann komm herein«, sagte ich und hielt ihm die Tür auf.

Aber er verschwand sofort in der Dunkelheit.

Mittlerweile machte ich mir Sorgen und überlegte mir die verschiedensten Szenarien. Womöglich litt Billy unter einer besonderen Art von Tollwut, oder er hatte einen Gehirntumor und wurde allmählich verrückt.

»Ich glaube nicht, dass es etwas Ernstes ist«, beruhigte mich Chris. »Wir sollten trotzdem mit ihm zum Tierarzt gehen. Er streift viel durch die Wälder und Wiesen, er könnte sich etwas eingefangen haben.«

Bevor ich antworten konnte, hörten wir einen dumpfen Aufprall, als würde etwas gegen die Hintertür stoßen.

Ich ging die Treppe hinunter und öffnete erneut die Hintertür. Dieses Mal kam Billy ins Haus.

»Was in aller Welt ist nur los mit dir? Hast du Hunger?«, fragte ich.

Ich gab etwas Katzenfutter in ein Schälchen, aber er wollte nicht fressen. Stattdessen sprang er wild durchs Zimmer, stieß Gegenstände um und versuchte, meine Aufmerksamkeit zu erlangen. Warum war er nur so auf mich fixiert? Ich kam einfach nicht dahinter.

Am nächsten Tag, es war ein Mittwoch, fühlte ich mich abends plötzlich elend. Ich rief im Krankenhaus in Aberdeen an, und man riet mir, zur Sicherheit vorbeizukommen. Dort wusste man von den Problemen während meiner ersten beiden Schwangerschaften und auch von meiner Ohnmacht im Dezember und wollte kein Risiko eingehen.

Die Kinder waren zum Glück schon im Bett, und eine Nachbarin erklärte sich bereit, zu uns zu kommen und ein Auge auf die beiden zu haben.

Ich gehe nicht genauer auf die vielen unangenehmen Details dieser Nacht ein. In der Klinik wurde schnell klar, dass ich eine Fehlgeburt erlitt. Wir waren um acht Uhr abends losgefahren, und um halb zehn sagte mir der Arzt, dass ich das Kind verloren habe. Man hätte es nicht verhindern können.

Ich stand unter Schock, und es dauerte eine Weile, bis ich begriff, was passiert war.

Am schlimmsten war, dass zu dem Zeitpunkt die Station für die allgemeine Gynäkologie renoviert wurde und man mich deshalb auf der Station mit den jungen Müttern unterbrachte, die gerade entbunden hatten. Zwar bekam ich ein Einzelzimmer, aber das half nicht viel. Ich wollte nicht von Frauen mit ihren Babys umgeben sein. Ich gehörte dort nicht hin. Ich hatte meines verloren und wollte nach Hause zu Fraser und Pippa, meinen beiden Kindern.

Bis drei Uhr früh musste ich zur Beobachtung in der Klinik bleiben, dann hatten die Blutungen fast aufgehört. Eigentlich sollte ich bis zum nächsten Morgen bleiben, dann sollte noch einmal ein Ultraschall gemacht werden. Aber ich hatte genug und wollte nur noch nach Hause.

Chris war in Sorge um mich und wollte, dass ich blieb, aber am Ende sah er ein, dass ich mich dort unwohl fühlte und zu Hause schneller wieder zu Kräften kommen würde.

Wir erklärten dem Arzt, dass ich zwei kleine Kinder hätte, die mich brauchten, und er sah ein, dass ich nicht bleiben konnte. Außerdem hatte die Wettervorhersage starken Schneefall angekündigt, und womöglich saß ich dann für mehrere Tage in Aberdeen fest. Also war man schließlich damit einverstanden, mich zu entlassen.

In den frühen Morgenstunden brachte mich Chris nach Hause. Es war eine seltsame Fahrt. Keiner von uns sagte etwas, während wir durch die dunkle, trostlose Landschaft fuhren. Es gab auch nicht viel zu sagen, dafür litten wir beide zu sehr.

Zu Hause ging ich sofort ins Bett und schlief auf der Stelle ein. Am nächsten Tag blieb Chris zu Hause, nachdem er seinen Chef angerufen und ihm gesagt hatte, was passiert war. Ich konnte das Telefonat mit anhören und fühlte mich benommen, war nicht einmal in der Lage, zu weinen.

An diesem Tag wurde ich von Selbstvorwürfen geplagt. Ich gab mir die Schuld an dem, was passiert war. Alle möglichen Gedanken schossen mir durch den Kopf. Vielleicht hätte ich Pippa nicht so oft ins Auto heben dürfen. Vielleicht hätte ich mehr oder weniger Schwangerschaftsgymnastik machen müssen. Vielleicht hatte ich zu viel zugenommen. Den ganzen Tag klagte ich mich innerlich an.

Am darauffolgenden Tag schenkte mir Chris einen Blumenstrauß. Er sollte mir eine Freude machen, aber stattdessen öffnete er die Schleusen.

Ich wurde wütend. Wie sollten ein paar Blumen das Geschehene wiedergutmachen können? Ich hatte eine Fehlgeburt erlitten. Wie ich allein dieses Wort hasste, es war bar jeden Gefühls.

Wenn ich heute zurückschaue, würde ich sagen, dass dieser Schmerz mit nichts vergleichbar ist. Es ist ein Kummer, der sich aus vielen negativen Gefühlen zusammensetzt: Wut, Selbstverachtung und vieles von dem, was ich Jahre zuvor verspürt hatte und was jetzt wieder an meine Tür klopfte. Ich weiß nicht mehr, wie lange ich im Bett blieb, ob es ein oder zwei Tage waren. Aber mir wurde bewusst, dass es so nicht weitergehen konnte. Ich musste darüber hinwegkommen, schließlich gab es zwei Kinder, die mich brauchten.

Vor den Kindern riss ich mich zusammen und weinte nicht. Ich machte einfach weiter, was blieb mir auch anderes übrig? All diese Binsenwahrheiten gingen mir durch den Kopf: »Die Zeit heilt alle Wunden« – »Nichts geschieht ohne Grund.«

Hilfreich war keine davon.

Es gab schwierige Tage, aber wir standen es irgendwie durch. Manchmal ging es mir schon etwas besser und dann plötzlich wieder schlechter. Oft war ich niedergeschlagen und den anderen gegenüber launisch. Auch körperlich forderte die Situation ihren Tribut. Ich sah elend aus, war müde und erschöpft, als hätte ich zehn Runden eines Boxkampfes im Schwergewicht hinter mir. Und ich machte sogar einen traurigen Eindruck, wenn ich lächelte.

Nach einigen Wochen akzeptierte ich endlich, was passiert war. Der Kummer blieb trotzdem.

Es dauerte lange, bis Chris und ich unser Gleichgewicht wiederfanden.

Wir hatten der Versuchung widerstanden, zu lange im Voraus zu planen, aber natürlich hatten wir überlegt, ob wir mit drei Kindern ein größeres Haus brauchen würden. Nun war es schwierig, in den Alltag zurückzufinden und diese Gedanken einfach wieder zu vergessen. Möglicherweise hatten sich unsere Pläne für ein drittes Kind für immer erledigt. Noch war ich keine vierzig, trotzdem sanken die Chancen, dass ich noch einmal schwanger wurde.

Es war seltsam, aber erst ein paar Wochen nach meiner Fehlgeburt dämmerte mir plötzlich, was mit Billy los gewesen war. Als würde wie in einem Zeichentrickfilm eine Glühbirne über meinem Kopf aufleuchten. »Sein seltsames Verhalten hat ganz plötzlich wieder aufgehört«, wurde mir auf einmal bewusst, als ich ihn und Fraser auf dem Wohnzimmerboden herumtollen sah.
Ich zählte eins und eins zusammen. Billy musste etwas gespürt haben. Es gab keine andere Erklärung. Warum sonst war er die drei Tage vor meiner Fehlgeburt wie verrückt um mich herumgesprungen? In den anderthalb Jahren, die er jetzt bei uns war, hatte er sich nie sonderlich für mich interessiert. Warum hatte sich das vorübergehend so geändert?
Mir war klar, dass ich mich dieses Mal wirklich am Rande der Vernunft bewegte. Es gab Anhaltspunkte dafür, dass Katzen spüren können, wenn jemand krank ist, aber das hier erinnerte an Superkräfte. Man erzählte von Menschen, die einen sechsten Sinn besitzen, aber eine Fehlgeburt vorauszusehen war schon eher ein sechzehnter Sinn. Ich war emotional immer noch angeschlagen und wollte auf keinen Fall für verrückt gehalten werden, deshalb erzählte ich niemandem von meiner Vermutung, nicht einmal Chris.

Zum Glück hielten mich Fraser und Pippa davon ab, mir zu viele Gedanken zu machen. Außerdem gab es im Frühjahr ohnehin immer viel zu tun, und jetzt standen auch noch große Entscheidungen an. Die wichtigste war, welche Schule Fraser besuchen sollte. Im März war er fünf geworden, deshalb mussten wir eine formale Anmeldung für den Besuch der Vorschule ab August einreichen. Es war die Art von Entscheidung, über die sich viele Eltern in Großstädten ausgiebig den Kopf zerbrechen. Finde ich die beste Schule für mein Kind? Bekommen wir in dieser Schule einen Platz?

Mit solchen Fragen mussten wir uns zum Glück nicht herumschlagen. In den Highlands bestand nicht die Gefahr, dass eine Schule mehr Anmeldungen bekam, als sie Plätze zur Verfügung hatte. Hier waren die Schulen eher davon bedroht, wegen leerer Klassenzimmer schließen zu müssen. Und in Anbetracht Frasers jüngster Fortschritte schien es nicht mehr nötig, Fraser auf eine Sonderschule zu schicken. Folglich reduzierten sich unsere Optionen auf genau zwei: Ballater oder Crathie.

Chris und ich hatten uns bereits entschieden, und wenn es nach uns gegangen wäre, würde Fraser jetzt schon fünf Tage die Woche die Schule in Crathie besuchen. Aber nicht alle teilten unsere Meinung.

Im Laufe des Anmeldeprozesses wurde Frasers Entwicklungsstand von einem Schulpsychologen beurteilt. Diese Untersuchung fand in Ballater im Beisein seiner Erzieherin aus dem Kindergarten statt. Der Psychologe war zufrieden mit Frasers Fortschritten und betonte, wie sehr sich seine Sozialkompetenz verbessert habe.

Im Laufe des Gesprächs wurde jedoch deutlich, dass sowohl der Psychologe als auch die Erzieherin die Schule in Ballater für geeigneter hielten. Ihr Hauptargument war, dass die größeren Klassenverbände Fraser mehr Stimulation boten und seine Sozialkompetenz förderten. Die beiden redeten so hartnäckig auf mich ein, dass ich mich unter Druck gesetzt fühlte.

Aber ich bin kein Mensch, der sich einfach überrollen lässt, schon gar nicht, wenn ich eine eigene Meinung habe. Also blieb ich standhaft. Ehrlich gesagt sah ich rot und legte mich mit den beiden an. Ich kann mich nicht mehr an meine genauen Worte erinnern, aber sinngemäß teilte ich ihnen mit: »Ich bin Frasers Mutter und weiß, was am besten für ihn ist. Er geht im August nach Crathie. Ende.«

Nach diesem Treffen schäumte ich vor Wut. Chris wirkte verlegen, als ich ihm erzählte, was passiert war. Er kannte mich und mein Temperament.

An jenem Abend ging ich die Besprechung immer wieder im Kopf durch, fragte mich, ob ich vielleicht zu starrköpfig und rechthaberisch gewesen war. Hatte ich mich etwa danebenbenommen? Hielten mich die beiden jetzt für eine herrische Mutter? Hatte ich die Fehlgeburt emotional immer noch nicht verarbeitet und war übertrieben verletzlich?

Schuldgefühle stiegen in mir hoch, aber ich ließ sie keine Wurzeln schlagen. Das konnte ich mir nicht leisten.

Seit August 2009 hatte ich bei Fraser so viel erreicht. Damals sagte man mir, er würde niemals eine normale Schule besuchen können. Damit hatte ich mich nicht abgefunden, und wir hatten viel mehr erreicht, als damals für möglich gehalten wurde. Ich musste die richtige Entscheidung treffen, und Crathie war die richtige Entscheidung.

Es war an der Zeit, nach vorn zu schauen. Ich musste den

traurigen Jahresanfang hinter mir lassen und alles für Frasers Schulstart im August vorbereiten. Noch am selben Tag warfen wir die Anmeldung für Crathie in den Briefkasten.

Kapitel 18

Verschwinde!

Es war ein sonniger Nachmittag im Juli, und ich hing gerade im Garten die Wäsche auf, als ich Fraser hörte, der jemandem fröhlich etwas erzählte.

Ich konnte nicht verstehen, was er sagte, schnappte lediglich ein paar Wörter auf, die aus seiner Lieblings-Gutenachtgeschichte stammten. Sie hieß »Mein großer, starker Freund« und handelte von einem Orang-Utan.

Ich blickte um die Ecke und sah Billy und Fraser auf dem Weg sitzen, der vom Haus wegführte.

Fraser hatte die Fußmatte von der Veranda mitgenommen, sich daraufgesetzt und das Buch aufgeschlagen in den Schoß gelegt. Billy lag neben ihm in der Sonne und bewegte den Schwanz hin und her.

Ich beobachtete die beiden einen Moment lang, während Fraser weitersprach und Billy dabei gelegentlich ansah oder freundlich ermahnte.

»Hör auf, mit dem Schwanz zu wedeln«, sagte er dann, bevor er »weiterlas«.

Kurz darauf klappte er das Buch zu, ergriff die Matte und kam zum Haus zurück.

»Und, hat dir die Geschichte gefallen, Billy?«, fragte er unterwegs.

Ich musste lächeln.

Fraser konnte noch nicht lesen, aber er liebte Bücher.

Vermutlich, weil sie immer gleich strukturiert sind, einen Anfang, einen Mittelteil und ein Ende haben.

Diese Begeisterung für Geschichten ging vermutlich darauf zurück, dass Chris Fraser jeden Abend vor dem Einschlafen vorgelesen hatte, seit er ein Baby gewesen war. Fraser liebte dieses Ritual, und es durfte jeden Abend dieselbe Geschichte sein, die er sich anhörte. Das war ihm sogar am liebsten, weshalb die beiden oft vierzehn Tage lang bei ein und derselben Geschichte blieben. Fraser langweilte das nie.

Aber er war wählerisch, was die Bücher anging. Er mochte keine langatmigen Geschichten mit komplizierten Sätzen und bevorzugte Reime. Besonders gern hatte er Autoren wie Nick Sharratt und Bücher wie *Don't Put Your Finger in the Jelly, Nelly!*, *Shark in the Park* oder *Ketchup on Your Cornflakes?* Sein absoluter Favorit war *Chocolate Mousse For Greedy Goose*. Bei diesem Buch lachte er jedes Mal Tränen. Er liebte die gereimten Verse und konnte sie auswendig. Und er sagte sie wie ein Papagei jedem auf, der bereit war, zuzuhören.

Billy hatte irgendwann begonnen, auch am Vorleseritual teilzunehmen, und lag oft auf dem Bett, als würde er sich die Geschichte bewusst anhören. Es war erstaunlich, wie er sich nicht vom Fleck rührte, solange Chris vorlas.

Aber dass Fraser Billy »vorlas«, war eine neue Entwicklung. Der Zeitpunkt konnte nicht günstiger sein, denn in ein paar Wochen würde Fraser in die Vorschule kommen und würde richtig lesen lernen.

Natürlich hätte mir jeder Bildungspsychologe bestätigt, dass Kinder allein durch das Memorieren von Wörtern durch Bilder viel lernen können. Sie können allein durch die Form und Länge des Schriftbildes das Wort herleiten. Eine wunderbare Sache, aber ich behielt diesen Erfolg für mich. Jeder würde mich für verrückt erklären, wenn ich sagte, dass mein Sohn lesen lerne, indem er seiner Katze auswendig gelernte Geschichten »vorlas«. Aber das war mir egal. Ich wusste, dass es ihm etwas brachte, und das allein zählte.

Für mich war es nur ein weiteres Zeichen dafür, dass Fraser bereit war, den Schritt auf die Schule zu wagen, und dass er ihn vielleicht auch schaffen konnte.

Und der Tag der Einschulung war nur noch wenige Wochen entfernt.

Wir bemühten uns, gelassen zu bleiben und keine große Sache daraus zu machen. Seine Crathie-Schuluniform hatte ich Ende Juni bestellt. Sie bestand aus Polo-Shirt, Sweatshirt und Fleecepulli, allesamt mit dem Schullogo darauf, sowie Flanellhosen. Es war ein aufregender Moment, als die Sachen eintrafen und Fraser sie anprobierte. Er sah darin so klug und erwachsen aus.

Natürlich lief nicht alles reibungslos. Unser größtes Problem bestand darin, welche Hosen er zu der Uniform anziehen sollte. Die Flanellhose fand er zu kratzig. Er beschwerte sich, dass sich seine Beine darin anfühlten, als würden sie brennen. Ich musste also eine Alternative finden.

Ich wollte auch nicht, dass er etwas anzog, das völlig anders aussah als die Hosen der Schuluniform. Es gab in Crathie zwar keinen strengen Dresscode, aber Fraser sollte sich nicht mehr als nötig von den anderen unterscheiden.

Mein langfristiger Plan sah vor, ihn irgendwie an die Hosen der Schuluniform zu gewöhnen, aber um etwas für die Übergangszeit zu finden, stand erst einmal eine ausgiebige Shoppingtour auf dem Programm. Als wir bei meiner Mutter in Essex waren, verbrachten wir einen ganzen Tag im Lakeside Shopping Centre und waren in allen möglichen Läden, bis wir schließlich das Richtige fanden: eine weite Hose im Cargostil, die mit einem weichen Futter ausgekleidet war.

Teil unserer Strategie, den Schulbeginn nicht zu wichtig zu nehmen, war, während der Sommerferien möglichst wenig darüber zu reden. Aber da die Schule nicht weit von uns entfernt lag und wir sie auf jeder Fahrt nach Ballater von der Hauptstraße aus sehen konnten, tauchte sie in seinen Gedanken immer wieder auf.

Es war nicht verwunderlich, dass er zwischen Aufregung und Angst schwankte. Nicht selten stellte er sofort nach dem Aufwachen die Frage: »Gehe ich heute zur Schule?«, oder: »Was werde ich in der Schule machen?«

Oder er stand vor mir, die Hände hinter dem Rücken oder mit den Armen gestikulierend, wippte auf den Absätzen und spulte mit besorgter Miene einen ganzen Fragenkatalog ab.

»Um wie viel Uhr fängt die Schule an?«

»Morgens um Viertel vor neun, Fraser.«

»Und wann hört sie auf?«

»Um fünf Minuten vor drei am Nachmittag.«

»Wie lang ist die Spielpause? Wird die Klingel losgehen?«

Das konnte eine ganze Weile so weitergehen.

In Anbetracht der Probleme, die auftraten, als Fraser in Ballater anfing, bestand unsere größte Sorge darin, dass sich die Aufregung auf sein Verhalten auswirkte. Wir hatten uns gerade erst von den Anstrengungen erholt, die der Wechsel nach Ballater im vorigen Jahr nach sich gezogen hatte. Weder Chris noch ich verspürten Lust, das schon wieder durchzumachen.

Als sich der August näherte, rückte die Ziellinie in Sichtweite, und ich schmiedete Pläne für den ersten Schultag.

Ich hätte es besser wissen müssen, denn ausgerechnet jetzt passierte das Schlimmste, was ich mir hatte vorstellen können. Fraser sagte sich von Billy los.

Einer der Vorteile des alten, privaten Kindergartens bestand darin, dass er den Sommer über geöffnet blieb. Die öffentliche Schule schloss dagegen ihre Tore für sechs Wochen, was bedeutete, dass Fraser anderthalb Monate zu Hause war. Nachdem ich ab Ende Juli vier Wochen lang quasi rund um die Uhr für ihn dagewesen war, fühlte ich mich ausgelaugt. Zum Glück bot Chris' Mum an, dass Fraser für ein paar Tage zu ihr kommen konnte. Sie hing sehr an ihm und war durch ihre Arbeit darin geübt, mit seinen speziellen Bedürfnissen umzugehen. Deshalb freute ich mich sehr über das Angebot.

Fraser war schon einige Male dort gewesen, aber nie länger als ein paar Tage. Ich war nicht sicher, ob eine Woche womöglich zu lang war, und wie ich vermutet hatte, wurde sein Aufenthalt dort nur bedingt zu einem Erfolgserlebnis.

Es gefiel Fraser, bei seiner Großmutter zu sein, und die ersten Tage genoss er die Aufmerksamkeit, die sie ihm zuteilwerden ließ. Aber dann wollten sie und ihr Lebensgefährte mit Fraser einen Tagesausflug machen. Eine typische Situation, in der es mit ihm plötzlich schwierig wird.

Chris und ich hatten es schon lange aufgegeben, mit Fraser Tagesausflüge zu unternehmen: Fraser ging nicht auf öffentliche Toiletten wegen der lauten Deckenlüfter.

Restaurants und Cafés waren ebenfalls »Sperrgebiete« wegen des Lärms der verschiedenen Kaffee- und Espressomaschinen, Eiszerkleinerer und Ähnlichem. Hinzu kamen unzählige weitere Probleme. Es war einfach zu ermüdend.

Chris' Mum war dennoch entschlossen, es zu versuchen, und plante einen Tagesausflug nach Aviemore, oben in den Grampians.

Sie hatte die ganze Tour durchgeplant. Fraser sollte mit dem Dampfzug fahren und dann mit der Seilbahn hoch auf den Berg. Den krönenden Abschluss sollte ein Besuch im Rentierpark bilden. Aber sie schafften nichts davon. Als sie in Aviemore ankamen, begann Fraser zu schreien, und sie mussten umkehren. Als sie wieder zurück an der Küste waren, hatten sie insgesamt viereinhalb Stunden Fahrt hinter sich, das Auto nicht verlassen und jeder nur ein Sandwich gegessen.

Chris' Mum war sehr enttäuscht, aber was hätte ich sagen sollen? Fraser hatte zwar immense Fortschritte erzielt, aber es gab nun mal Dinge in seinem Leben, die sich nicht geändert hatten und sich vielleicht auch nie ändern würden. Die Ärzte hatten uns vorgewarnt, dass Fraser einige Verhaltensweisen bis zur Pubertät beibehalten würde – und was dann passierte, konnte erst recht niemand sagen. Diese Zukunftsaussicht machte mir manchmal richtig Angst. Mir vorzustellen, wie mich der ein Meter achtzig große Fraser anbrüllte, ging über meine Kräfte. Ich verdrängte diese Gedanken, wann immer sie mir durch den Kopf gingen.

Als Fraser von seiner Großmutter zurückkam, war er jedenfalls übellaunig, gereizt und unkooperativ.

»Ich will das nicht«, wurde seine neue Lieblingsformulierung, wenn ich ihn bat, etwas zu tun.

Er hatte sich auch vorher schon geweigert, aber nun zeigte sein Verhalten plötzlich eine bisher nicht gekannte Grobheit. Als hätte er eine neue, ausgereiftere Methode entdeckt, seiner Wut Luft zu machen. Er war sogar gemein zu Pippa.

Wir verbuchten es als vorübergehende Phase, die er nun mal von Zeit zu Zeit durchmachte. Aber dann eskalierte es. Und zwar auf schlimmstmögliche Weise. Plötzlich wurde Billy zum Ziel seiner Wut.

Zum ersten Mal fiel es mir auf, als Fraser eines Nachmittags im Wohnzimmer auf dem Teppich lag und fernsah – ohne Billy.

»Wo ist Billy?«, fragte ich ihn.

»Fraser mag Billy nicht mehr«, antwortete er völlig sachlich.

Ich war baff.

»Und warum magst du Billy nicht mehr?«, hakte ich nach.

»Mag ihn eben nicht«, erwiderte er trotzig.

Im ersten Moment fragte ich mich, ob es vielleicht daran lag, dass die beiden eine Woche getrennt gewesen waren. Aber das ergab keinen Sinn. Sie waren auch vorher schon getrennt gewesen und hingen anschließend immer umso enger zusammen, ganz nach dem Motto: Die Liebe wächst mit der Entfernung.

Plausibler schien die Erklärung, dass Fraser böse auf Billy war. In diesem Sommer hatte Billy angefangen, manchmal über den Zaun zu springen und mit den beiden Nachbarsmädchen zu spielen, die achtzehn Monate beziehungsweise fünf Jahre alt waren.

Mir war aufgefallen, dass Fraser anschließend immer ein wenig kühl und abweisend zu Billy war, hatte dem jedoch keine größere Bedeutung beigemessen.

Kurz darauf musste ich aber erkennen, dass das ein ernsthaftes Problem geworden war. An jenem Tag war Fraser in dem Spielhaus, das wir für die Kinder in den Garten gestellt hatten. Plötzlich kam ein Ball über den Zaun geflogen.

»Können wir bitte unseren Ball zurückhaben?«, fragte das größere der beiden Mädchen und schaute über den Zaun.

Fraser ignorierte sie, was ich sehr unhöflich fand.

»Natürlich«, sagte ich. »Hier hast du ihn.«

Als ich den Ball über den Zaun warf, sprang Billy hinterher.

»Hallo, Billy, kommst du zum Spielen?«, fragte das Mädchen.

Der Ausdruck, der über Frasers Gesicht huschte, sprach Bände. Als hätte ihm jemand gesagt, die Zahnfee sei eine Erfindung oder auf der Welt gäbe es keine Waschmaschinen mehr.

Offenbar merkte er, dass mir sein Verhalten auffiel, denn er wandte sich um und sah mich an.

»Ist mir egal, er kann gehen und nebenan wohnen«, sagte er, verzog sich wieder in sein Spielhaus und machte die Kunststofftür hinter sich so laut zu, wie es nur möglich war. Das wiederholte sich die nächsten vier oder fünf Tage, während seine Laune höchst unangenehm blieb.

Allmählich geriet ich in Panik. Der Zeitpunkt könnte nicht ungünstiger sein, denn in weniger als einer Woche wurde Fraser eingeschult. Unsere höchste Priorität bestand darin, unseren Alltag so stressfrei wie möglich zu halten – und dafür war Billy wichtig. Tatsächlich war er die einzige Lösung beim Umgang mit den unvermeidlichen Problemen, die in den kommenden Wochen auftreten würden.

Wenn Billy und Fraser keine Freunde mehr waren, steckten wir in großen Schwierigkeiten. Die Situation begann Fraser bereits zu destabilisieren, und es würde schlimmer werden, sobald er zur Schule ging und jedes kleine Problem ins Unermessliche wuchs.

Ich kam mir wieder einmal albern vor, dass ich besorgt war um die Beziehung meines Sohnes zu einer Katze. Aber ich wusste instinktiv, dass diese Entwicklung nicht gut war. Mir schlotterten die Knie, weil ich absolut nicht wusste, was ich tun konnte. Wie sagt man einem Kater und einem autistischen Jungen, dass sie sich vertragen sollen? Ich hatte mittlerweile eine Menge Bücher gelesen, aber in keinem ein Kapitel zu dieser schwierigen Frage gefunden.

Eines Abends war der Siedepunkt erreicht. Fraser saß im Wohnzimmer und sah fern, als Billy von draußen hereingeschlichen kam und es sich ebenfalls auf dem Wohnzimmerteppich bequem machte. Dieses Ritual pflegten die beiden fast seit dem ersten Tag von Billys Anwesenheit in unserem Haus – aber nicht an diesem Abend.

Ich saß ebenfalls im Wohnzimmer, las die Zeitung und trank eine Tasse Tee, während das Abendessen im Backofen brutzelte.

»Verschwinde«, sagte Fraser, wandte sich Billy zu und machte mit den Händen eine wegscheuchende Bewegung.

Da sich Billy nicht rührte, erhob Fraser die Stimme.

»Verschwinde, Billy«, sagte er wesentlich lauter.

Wieder keine Reaktion.

Daraufhin rutschte Fraser nach hinten und hielt sein Gesicht dicht an Billys. Und dann schrie er, so laut er konnte.

»Verschwinde endlich!«

Billy machte einen Satz, krümmte seinen Rücken zu einem Buckel, schoss auf kürzestem Weg zur Katzenklappe und verschwand nach draußen.

»Fraser«, sagte ich, erschrocken über die Heftigkeit seines Tons. »Was hat Billy dir denn getan?«

Er sah mich nur an, richtig wütend. Dann hielt er sich die Ohren zu und legte sich auf den Boden.

Als ich später an diesem Abend Chris davon erzählte, war er genauso geschockt wie ich.

»Ich werde mal mit ihm reden müssen«, sagte er.

»Das denke ich auch«, stimmte ich zu. »Du weißt ja, auf dich hört er.«

Chris ist einer dieser ruhigen Väter, die Autorität ausstrahlen, ohne je die Stimme erheben zu müssen. Aber wenn er etwas in bestimmtem Tonfall sagt, dann sollte man das auch ernst nehmen, und Fraser wusste das.

An diesem Abend, nach dem Baden und vor der Gutenachtgeschichte, setzte sich Chris deshalb zu Fraser ans Bett und erklärte ihm die Situation. Kurz danach kam Fraser mit geröteten Augen zu mir.

»Daddy ist gemein zu mir«, sagte er.

»Nein, ist er nicht, Fraser. Daddy versucht, dir zu helfen«, widersprach ich und legte die Solidarität an den Tag, die Eltern in solchen Situationen zeigen müssen.

Kurz darauf kam Chris nach unten.

»Was hast du gesagt?«, fragte ich ihn.

»Dass Billy eine ganze besondere Katze ist und ihn sehr liebt. Wenn er aber nicht nett zu Billy ist oder nicht mehr mit ihm spielt, dann würde Billy das kränken, und irgendwann wäre er nicht mehr sein Freund.«

»Okay. Wie hat er es aufgenommen?«

»Ziemlich still. Dann habe ich ihm noch gesagt, dass er es

auch nicht mögen würde, wenn Billy sich ihm gegenüber so verhalten würde. Da fing er an zu weinen.«

»Dann ist die Botschaft wohl angekommen. Jetzt liegt es an ihm, was er daraus macht. Wir können ihn nicht zwingen, Billy vernünftig zu behandeln«, sagte ich.

»Der Zeitpunkt könnte nicht ungelegener kommen, stimmt's?«, fragte Chris. »Wenn die Schule anfängt, wird Fraser unweigerlich Probleme bekommen. Wir sollten uns darauf einstellen, dass seine Tobsuchtsanfälle nun wieder länger anhalten werden.«

Schweigend starrten wir auf unsere Teller und fragten uns, was die Zukunft bringen mochte. Es sollte nicht lange dauern, bis wir es herausfanden.

Am folgenden Morgen wollte Fraser Billy sehen.

»Wo ist Billy?«, fragte er beim Frühstück immer wieder. Chris warf mir einen vielsagenden Blick zu, der keiner Interpretation bedurfte. Ich dachte dasselbe. Fraser wollte sich mit Billy versöhnen. Aber offenbar kam seine Einsicht ein bisschen spät.

An diesem Morgen hatte ich die Katzenklappe schon sehr früh gehört, bevor jemand von uns aufgestanden war. Und seither gab es keine Spur von Billy, weder drinnen noch im Garten. So kannten wir ihn gar nicht, normalerweise verpasste er nie Frasers Frühstück.

»Ich weiß es nicht, Fraser«, beantwortete ich seine Frage. »Vielleicht spielt er draußen.«

»Hm«, murmelte er und senkte den Kopf.

Chris zwinkerte mir zu. Offenbar war seine Botschaft am Vorabend mehr als deutlich bei Fraser angekommen.

»Spätestens heute Abend werden die beiden wieder die besten Freunde sein«, versicherte er mir leise, küsste mich auf die Wange und ging zur Arbeit.

Fraser musste an diesem Morgen zur Spielgruppe nach

Crathie und war erst mittags wieder zurück. Er ließ den Kopf hängen.

Chris kam zum Mittagessen nach Hause.

»Keine Spur von Billy?«, fragte er.

»Nichts.«

»Er wird doch nicht weggelaufen sein, oder? Ich habe Fraser gesagt, dass Billy das tun würde, wenn er nicht nett zu ihm ist, aber ehrlich gesagt habe ich nicht ernsthaft damit gerechnet.«

Die Rollen waren plötzlich vertauscht. Normalerweise bin ich diejenige, die Panik bekommt, während Chris Ruhe bewahrt. Vermutlich setzte es ihm zu, dass er Fraser am Vorabend die Leviten gelesen hatte.

»Nein, er war schon viel länger weg. Vermutlich reagiert er sich beim Mäusejagen ab.«

»Hoffentlich.«

Als ich am Nachmittag Tee für die Kinder zubereitete, hörte ich Fraser plötzlich mit schriller Stimme rufen: »Mummy, Mummy, Billy geht es nicht gut.«

Einerseits war ich unglaublich erleichtert, dass Billy zurück war, andererseits hörte ich Frasers Stimme an, dass etwas nicht in Ordnung war.

»Woher weißt du das?«, rief ich von der Küche aus zurück.

»Er ist sehr schmutzig«, antwortete Fraser.

»Wie schmutzig?«, rief ich zurück, ließ alles stehen und eilte zu den beiden.

In der Waschküche bot sich mir ein unfassbarer Anblick. Billy sah aus, als wäre er in einer Kohlengrube gewesen. Er war mit Ruß überzogen, wirkte angeschlagen und zitterte. Nur mit Mühe hielt er sich auf den Beinen.

Wir riefen sofort beim Tierarzt an. Da die Queen in wenigen Wochen nach Balmoral kommen würde, hatte

Chris alle Hände voll zu tun. Also würde ich mit Billy und beiden Kindern im Zweifelsfall zum Tierarzt fahren müssen.

Wieder einmal schossen mir die wildesten Gedanken durch den Kopf. *Wenn Billy nun ernsthaft krank war? Wenn er womöglich starb? Wie würde Fraser darauf reagieren?* Der Tierarzt beruhigte mich zum Glück. Mit ruhiger Stimme holte er mich in die Realität zurück und erklärte mir, dass ich ein paar Tests mit Billy durchführen sollte.

»Daran kann ich erkennen, ob Billy sofort behandelt werden muss oder nicht.«

Als Erstes sollte ich Billys Gliedmaßen nach Schnittverletzungen, blutenden Wunden oder Schwellungen untersuchen. Behutsam tastete ich Billys Beine ab, fand jedoch nichts Auffälliges. Das war schon mal gut. Als ich ihn jedoch am Kopf berührte, begann Billy laut zu maunzen. Und dann sah ich, dass er sich dort geschnitten hatte.

»Die Wunde muss gesäubert werden, aber es klingt nicht nach einem Notfall«, sagte der Arzt, als ich ihm die Verletzung beschrieb. »Gut, nun müssen Sie seine Augen, Ohren und die Kehle checken«, sagte er.

Das tat ich, konnte jedoch nichts Ungewöhnliches feststellen.

»Und wie ist sein Atmen? Hustet, spuckt oder röchelt er?«, fragte der Veterinär.

»Nein«, antwortete ich.

»Klingt für mich, als wäre er in einen Kohlebunker gefallen oder in einen Holzschuppen eingestiegen, wo dann ein paar Holzscheite auf ihn gefallen sind«, vermutete er.

»Er wird es also überleben«, sagte ich und atmete auf.

»Auf alle Fälle, Mrs. Booth. Ich würde Ihnen aber empfehlen, in den nächsten Tagen sicherheitshalber bei mir vorbeizuschauen. Sollte es ihm akut schlechter gehen, kommen Sie natürlich sofort vorbei.«

Nach dem Gespräch war ich erleichtert. Dann schnappte ich mir einen Lappen und ging zum Waschbecken, um Billy zu säubern.

Fraser hatte während des Telefonats neben mir gestanden. Ich weiß nicht, ob es daran lag, dass Billy verletzt war, jedenfalls brach er plötzlich in Tränen aus. Er schluchzte bitterlich. Billy hatte nicht zum ersten Mal Blessuren, aber dieses Mal war Fraser tief bestürzt.

»Nicht weinen, Fraser. Geh und begrüße Billy.« Beruhigend wiegte ich ihn in den Armen.

Billy hatte sich in eine Ecke neben der Waschmaschine verkrochen. Langsam ging Fraser auf ihn zu.

»Alles in Ordnung, Billy, du wirst wieder gesund«, sagte er, ging in die Hocke und setzte sich dann neben Billy auf den Boden.

Ich konnte ihm ansehen, wie besorgt er war.

Eine ganze Weile blieb Fraser dort sitzen, streichelte seinen Freund und beugte seinen Kopf dicht zu ihm, beinahe so, als wolle er ihm in die Augen schauen.

»Fraser liebt Billy«, sagte er leise, während sie ihre Köpfe aneinanderrieben.

Ich säuberte Billy, versorgte seine Wunde und trug ihn dann in die Küche, wo wir ihn die ganze Zeit im Blick hatten. Fraser blieb die ganze Zeit bei ihm und verzichtete an diesem Abend sogar auf *Tom und Jerry*. Und als er ins Bett musste, bestand er darauf, dass Billy bei ihm im Zimmer schlief. Chris trug Billy vorsichtig nach oben und legte ihn auf den Boden, denn im Bett konnte es passieren, dass Fraser ihn aus Versehen im Schlaf trat.

Während sich Billy in den nächsten Tagen auskurierte,

klebten die beiden förmlich aneinander. Das entschärfte den Countdown bis zur Einschulung. Fraser hatte gar keine Zeit, sich wegen irgendeiner Schulglocke oder Uniform Sorgen zu machen oder zu grübeln, wer neben ihm sitzen würde. Seine Gedanken kreisten nur um Billy. Chris und ich zerbrachen uns noch eine ganze Weile den Kopf darüber, was zu dem Zerwürfnis geführt hatte. Vielleicht war es schnöde Eifersucht, weil Billy nebenan gespielt hatte? Was auch immer der Grund gewesen war, Fraser hatte zweifellos etwas Wichtiges gelernt. Er hat sich danach nie wieder mit Billy entzweit.

Kapitel 19

Die große Schule

Am Abend vor Frasers Einschulung ging es in unserem Haus so geschäftig zu wie in einem Bienenstock. Ich war in der Waschküche und bügelte Frasers Schuluniform und seine Sportsachen für den nächsten Tag. Chris bastelte draußen am Wagen herum, weil der Motor beim Fahren ein komisches Geräusch von sich gab. Schließlich konnten wir nicht riskieren, auf dem Weg zur Einschulung eine Panne zu haben.

Fraser und Pippa wurden währenddessen von meinen Eltern betreut, die ein paar Tage zuvor angereist waren.

Sie wussten natürlich, wie wichtig Frasers Einschulung für uns war, und wollten an diesem Tag dabei sein.

Bisher war es uns recht erfolgreich gelungen, dieses Ereignis Fraser gegenüber herunterzuspielen.

Aber an jenem Abend war Fraser beim Essen ziemlich aufgeregt, schon allein deshalb, weil seine Großeltern aus England bei uns waren.

»Morgen geht Fraser in die große Schule, Granddad«, sagte er.

»Ich weiß. Bin gespannt, was du dort alles lernen wirst«, antwortete mein Vater.

»Lesen«, sagte Fraser. »Und rechnen.«

Wir waren froh, dass er demgegenüber keine Berührungsängste hatte. Seine Liebe zu Büchern und Zahlen war fest verwurzelt, und während der vergangenen Monate war immer deutlicher geworden, dass er einen wachen Verstand besaß. Es war die soziale Komponente, die uns Sorgen bereitete.

Fraser kannte bereits zwei ältere Kinder, die auf die Schule in Crathie gingen, aber bisher hatte er sich nicht mit ihnen angefreundet. Immerhin kamen zwei Kinder aus seiner Spielgruppe ebenfalls in die Vorschule, und über diese beiden hatte er nie etwas Negatives gesagt. Das entspricht in Frasers Welt einem Kompliment.

Vor diesem Hintergrund ging er gut gelaunt schlafen, obwohl er in Pippas Zimmer schlief, da meine Eltern in seinem Kinderzimmer untergebracht waren. Wie üblich war Billy als Unterstützung dabei.

Am nächsten Morgen wachten Chris und ich früh auf. Es war ein strahlender Sommertag, und wir waren alle aufgeregt – außer Pippa, die selbst dann weiterschlief, als ich in ihr Zimmer kam und Fraser weckte. Da sich meine Eltern noch in seinem Zimmer befanden, nahm ich ihn zum Anziehen mit in unser Schlafzimmer. Ein bisschen Lampenfieber hatte er schon, aber er beruhigte sich, sobald sich Billy zu uns gesellte.

Heute durfte beim Frühstücksritual nichts schiefgehen. Chris hatte die Toaststücke wie mit dem Lineal geschnitten, Joghurt und Fruchtsaft standen bereit. Kurz darauf kamen meine Eltern in die Küche, um ebenfalls zu frühstücken.

Wir hatten für Fraser einen besonders leichten Rucksack

besorgt, so dass er ihn auch tragen konnte. Um halb neun verließen wir das Haus. Bevor wir ins Auto stiegen, schoss Chris noch schnell ein Foto, dann fuhren wir das kurze Stück über die Balmoral-Brücke zur Crathie-Schule. Die anderen Erstklässler und ihre Eltern waren bereits da. Viele Mütter waren vor Rührung den Tränen nahe, ich dagegen war entschlossen, jede Sekunde zu genießen. Als Fraser neben mir die Treppe hinaufstieg, strahlte ich, immerhin war mir einmal gesagt worden, er würde nie eine normale Schule besuchen können. An diesem Morgen blickte ich gedanklich immer wieder zurück auf jenen Tag in Aberdeen. Die Diagnose war scheinbar eindeutig gewesen, und die Ärzte hielten es damals für ausgeschlossen, dass Fraser sich doch noch altersgemäß entwickeln könne. Und nun standen wir hier.

Als ich Fraser zum Abschied winkte und zum Wagen zurückging, wo die anderen schon auf mich warteten, war ich nicht etwa wehmütig oder triumphierend. Ich war einfach stolz und glücklich. Unsagbar stolz.

Am ersten Tag dauerte der Unterricht nur drei Stunden, so dass wir Fraser schon bald wieder abholen konnten. Um die Zeit zu überbrücken, fuhren wir zunächst nach Braemar. Dort gab es einen schönen Spielplatz für Pippa. Meine Eltern genossen diesen Tag augenscheinlich genauso sehr wie ich. Während ich Pippa auf einer Schaukel anstieß, spazierten sie über eine Seilbrücke am Klettergerüst und lachten dabei, als wären sie sieben Jahre alt und nicht siebzig und einundsiebzig. An diesem Morgen waren wir einfach alle beschwingt.

Anschließend setzten wir uns in einen Coffee-Shop. Während wir dort saßen, erinnerten wir uns an die zurückliegenden Jahre.

»Manchmal haben dein Vater und ich gedacht, dass dieser Tag nie kommen würde«, sagte meine Mutter.

»Ich weiß«, antwortete ich.

»Wir haben sogar befürchtet, er würde irgendwann in einem Heim für Behinderte enden«, bemerkte mein Vater.

»Das kann ich euch nicht verdenken«, sagte ich zustimmend.

Einen Moment lang hingen alle ihren Gedanken nach. Aber dann legte Mum ihre Hand auf meine und lächelte.

»Chris und du seid bewundernswert, das wollten wir dir schon seit längerem sagen. Fraser hätte sich keine besseren Eltern wünschen können.«

Und da öffneten sich plötzlich die Schleusen, und die angestauten Emotionen der vergangenen Wochen, wenn nicht gar Jahre, brachen hervor.

Mum reichte mir ein Taschentuch, und ich schniefte wie ein heulendes Schulmädchen.

»Tut mir leid«, schluchzte ich. »Aber es war nur eine Frage der Zeit, bis das mal passiert.«

Dann fuhren wir zurück nach Balmoral, wo ich zu Hause für Pippa ein Mittagessen zubereitete. Anschließend füllte ich die Waschmaschine, und dann war es auch schon Zeit, Fraser abzuholen. Mum fuhr mit mir nach Crathie, während mein Dad sich bereit erklärte, bei Pippa zu bleiben, die gerade ihr Mittagsschläfchen hielt. Es war ein wunderschöner Tag, und während wir beide vor der Schule warteten, beobachteten wir einen großen Raubvogel, der auf den Fluss hinabschoss und dann in den dichten Wäldern auf der anderen Seite verschwand. Kaum zu glauben, dass es eine Phase gab, in der ich diese Gegend verfluchte. Die Zeit, in der wir in dem abgelegenen Cottage gewohnt hatten, schien in ein anderes Leben zu gehören.

Lächelnd tauchte Fraser in der Tür auf und merkte zum Glück nicht, wie aufgeregt wir waren. Tatsächlich schien er uns kaum wahrzunehmen.

»Wie war es?«, fragte ich ihn.

»Gut.«

»Wer sitzt neben dir?«

»Hab ich vergessen.«

»Welche Fächer hattet ihr heute?«

»Hab ich vergessen.«

Mum und ich lächelten uns an. Ich war nach meinem ersten Schultag vermutlich genauso einsilbig.

Die Rückfahrt dauerte nur ein paar Minuten, so dass wir Fraser unterwegs nicht weiter ausfragten. Doch als wir vor dem Haus hielten, sah ich meine Hoffnung, dort noch ein bisschen über die Schule reden zu können, vorerst schwinden. Billy stand auf der Veranda.

»Billy, Billy.«

Kurz darauf lagen die beiden auf dem Wohnzimmerboden und hatten alles um sich herum vergessen.

»Ich habe Wasser aufgesetzt. Lust auf eine Tasse Tee?«, fragte mein Vater und trat durch die Küchentür.

»Gern«, antwortete ich.

Während wir uns setzten, hörten wir, wie sich eine Stimme mit dem Geräusch des brodelnden Wassers mischte. Es war Fraser, der lebhaft auf Billy einredete. Es gelang mir, ein paar Fetzen zu verstehen.

»Fraser sitzt neben Zara …«

»Dann hat die Lehrerin eine Geschichte erzählt …«

Das war echt süß, wurmte mich aber auch. Wie gern hätte ich mir all diese Details ungestört angehört.

»Dad, bitte nimm den Wasserkessel mal kurz vom Herd«, bat ich meinen Vater.

Er nickte.

Nachdem das Geräusch des Wassers verstummt war, schlichen wir drei auf Zehenspitzen zum Wohnzimmer und spähten vorsichtig hinein.

Aber unser stümperhafter Versuch zu lauschen scheiterte kläglich. Kaum hatte uns Fraser entdeckt, da verstummte er, lehnte sich näher zu Billy und warf uns einen vorwurfsvollen Blick zu.

»Fraser unterhält sich mit Billy!«, sagte er und verscheuchte uns mit einem Handwedeln.

Lachend zogen wir uns in die Küche zurück.

Fraser lebte sich unerwartet schnell in der Schule ein. Sogar als nach der Eingewöhnungszeit der Unterrichtstag von 8.45 Uhr bis 2.55 Uhr dauerte, steckte er das mühelos weg.

Wir hatten uns Sorgen gemacht, dass seine Lehrer ihm womöglich andere Aufgaben geben mussten als den anderen Kindern, aber dazu bestand kein Anlass. Tatsächlich wurde mir sogar gesagt, dass Fraser sehr gut zurechtkam.

»Er hat eine gute Auffassungsgabe und versteht sehr schnell«, sagte mir einer der Lehrer. »Es ist eine Freude, ihn zu unterrichten.«

Was uns aber wirklich überraschte, war Frasers Sozialverhalten. Fast vom ersten Tag an schloss er Freundschaften und spielte mit anderen Kindern. Vielleicht lag es daran, dass er eine Schwester hatte, jedenfalls spielte er anfangs am liebsten mit Mädchen und verbrachte viel Zeit mit den Töchtern von Freunden, Phoebe und Isabel. Er ging sogar zu ihnen nach Hause, obwohl ich insgeheim vermutete, dass die tolle Waschmaschine meiner Freundin einen besonderen Reiz auf ihn ausübte. Diese Leidenschaft würde Fraser wohl nicht so schnell ablegen.

Etwas besonders Bemerkenswertes ereignete sich jedoch Anfang November, etwa zehn Wochen nach Frasers Einschulung.

Langsam freundete er sich in der Schule auch mit Jungen an. Es waren nur fünf, so dass es nicht lange dauerte, sie alle kennenzulernen, aber die Altersspanne war ziemlich groß: Fraser war mit seinen fünf Jahren der Jüngste, während der älteste Junge schon zehn war.

Als einer der Jungen Fraser zu seiner Geburtstagsparty einlud, willigte er ein. Chris und ich waren begeistert. Fraser war noch nie zu einem Kindergeburtstag gegangen, bisher hatte er sich davor viel zu sehr gefürchtet. Aber damit nicht genug – er wollte sich für den Anlass auch noch schick machen.

Als der Tag kam, holte ich Fraser von der Schule ab. Nie zuvor hatte ich ihn aufgeregter erlebt. Er war sogar zu aufgedreht, um sich mit Billy zu unterhalten.

»Ich habe jetzt keine Zeit, dir von der Schule zu erzählen, Billy. Ich muss nach oben und mich für eine Party umziehen«, sagte er und marschierte die Treppe hinauf. Als ich ihm meine Hilfe anbot, gab er mir unmissverständlich zu verstehen, dass er mich nicht brauchte.

»Das kann ich allein«, sagte er.

Ich fuhr ihn in der Erwartung zum Haus des Jungen, dort anderthalb Stunden zu verbringen und Fraser im Auge zu behalten. Aber als wir vor dem Tor hielten, erklärte er mir erneut, dass er mich nicht brauche und allein hineingehen könne. Also fuhr ich wieder nach Hause und lächelte dabei vor mich hin.

»Sieht so aus, als wären wir beide überflüssig«, sagte ich

später zu Billy, der die Gelegenheit für ein Nickerchen in der Waschküche nutzte.

Als ich Fraser nach der Party abholte, strahlte er. Offenbar hatte er viel Spaß gehabt. Ich war sprachlos – und überglücklich.

Als ich Chris davon erzählte, konnte er es kaum glauben. Sofort machten wir Pläne für Frasers sechsten Geburtstag im nächsten März. Noch vor einem Jahr war es undenkbar, für ihn und seine Freunde eine richtige Party zu veranstalten.

Ein paar Wochen später überraschte Fraser uns ein weiteres Mal. Ich machte ihn eines Morgens im November gerade für die Schule fertig, als jemand an unsere Haustür klopfte. Ich öffnete und sah den Fahrer des Schulbusses vor mir stehen.

»Guten Morgen, ich bin hier, um Fraser Booth abzuholen«, teilte er mir lächelnd mit.

Ich war irritiert. Zwar hatte ich überlegt, Fraser nach den Weihnachtsferien langsam an den Schulbus zu gewöhnen, aber anscheinend gab es da ein Missverständnis mit der Schulleitung.

»Ich bin nicht sicher, ob er heute schon mitfahren will. Eine Sekunde bitte.«

Fraser wusste zwar von meinem Plan, dass er irgendwann mit dem Bus fahren sollte, aber so richtig darauf vorbereitet war er noch nicht.

»Fraser, möchtest du heute mit dem Bus in die Schule fahren?«, fragte ich pro forma und rechnete mit einem kurzem Zögern, dem eine Ablehnung folgte.

Fraser trat einen Schritt vor die Tür. Er entdeckte einen seiner Freunde im Bus, was ihn offensichtlich freute. Auch Billy war zur Stelle und wartete auf ihn. Er hatte wohl mitbekommen, dass der Bus vor unserem Haus hielt, und war sofort die Treppe hinunter und durch die Katzenklappe gelaufen. Jetzt saß er draußen auf dem Weg nahe dem offenen Gartentor, als wolle er Fraser ermutigen.

Fraser trug bereits seine Schuluniform und hatte den Rucksack umgehängt.

»Okay«, sagte er und ging zum Bus.

Als er die Stufen hinauf in den Bus stieg, sprang Billy auf den Gartenzaun.

»Das ist mein Kater Billy«, sagte Fraser zu dem Fahrer. Für mich war es ein Wunder. Früher wäre eine solche Situation undenkbar gewesen und hätte in einem Tobsuchtsanfall gemündet. Und nun schaffte Fraser Herausforderungen wie diese spielend.

Wir registrierten weitere Verbesserungen, zum Beispiel beim Sprechen und seinem Selbstbewusstsein. Interessanterweise benutzte er nun sogar das Wort »ich«, statt von sich in der dritten Person zu reden. Das war ein bedeutender Schritt, der zeigte, dass er sich selbst anders wahrnahm. Und nachdem einer seiner Freunde in der Schule vom Ausflug in den Center Parc erzählte, wollte Fraser tatsächlich in die Ferien fahren.

»Können wir dahin fahren, Mummy?«, fragte er mich eines Tages.

»Aber sicher, Fraser, warum nicht?«, antwortete ich.

Mir war klar, dass bis zu den nächsten Sommerferien noch viel passieren konnte, das war nun mal unsere Realität, besser gesagt ein Bestandteil von Frasers Autismus. Aber einen Moment lang erlaubte ich mir, vom ersten richtigen Urlaub als Familie zu träumen.

Frasers Schulbesuch in Crathie war eine echte Bereicherung, nicht nur, weil er sich dort so wohl fühlte, sondern auch, weil ich dadurch zunehmend in Kontakt mit Menschen kam, die hier wohnten. Als wir nach Schottland zogen, fühlte ich mich anfangs als Außenseiterin, aber jetzt, fünf Jahre später, war es zu meinem Zuhause geworden.

Als ich Fraser eines Tages von der Schule abholte, sah ich eine andere Mutter, deren Tochter etwa so alt wie Fraser sein musste. Die beiden Kinder waren zusammen in der Spielgruppe gewesen, so dass die Mutter von Frasers Problemen wusste. Normalerweise arbeitete sie um diese Zeit, weswegen wir uns selten begegneten.

»Hallo, lang nicht gesehen«, begrüßte sie mich. »Wie läuft es denn in der Schule?«

»Großartig. Es macht ihm großen Spaß.«

»Er hat sich unglaublich entwickelt, nicht wahr?« Sie sah Fraser nach, der fröhlich zum Auto hüpfte. Es war ein sonniger Nachmittag. Wir blieben noch einen Moment stehen und unterhielten uns. Fraser setzte sich derweil ins Auto und wartete geduldig.

Die andere Mutter arbeitete im Gesundheitswesen und konnte sich daher vorstellen, wie schwierig sich unser Leben gestaltet haben musste. Sie kannte auch einige der Therapeuten, mit denen wir im Laufe der Jahre zu tun hatten. Begeistert erzählte ich von dem einen oder anderen.

»Eine anstrengende Reise, auf der Sie sich befinden, Louise.« Sie lächelte.

»Und ein weiter Weg«, sagte ich. »Wenn wir eines gelernt haben, dann ist es, nicht zu weit in die Zukunft zu planen. Immer ein Schritt nach dem anderen.«

Sie nickte.

»Und was macht der kleine Kater? Ich habe vor einer Weile diesen Zeitungsartikel gelesen.«

»Ach ja, Billy. Er ist Frasers Freund«, untertrieb ich maßlos.

»Nach dem, was in der Zeitung stand, ist er weitaus mehr als das.«

Damit hatte sie natürlich recht.

Als ich dieser Frau vor drei oder vier Jahren das erste Mal begegnet war, war ich ziemlich niedergeschlagen. Damals ging Fraser zwar ab und zu in die Spielgruppe, aber er lag nur auf dem Boden, schlug mit den Armen oder Beinen oder drehte irgendein Rad, das sich in Reichweite befand. An manchen Tagen saß er einfach in der Ecke, rührte sich nicht und kommunizierte mit niemandem – außer mit mir, wobei seine vorrangige Mitteilungsform darin bestand, zu schreien, bis er rot anlief. Und nun war er ein glücklicher und freundlicher kleiner Junge, der fröhlich zum Auto hüpfte, nachdem er den Tag in einer normalen Schule verbracht hatte.

Viele Menschen hatten in den fünf turbulenten Jahren, die hinter uns lagen, eine wichtige Rolle gespielt. Viele Experten hatten uns geholfen und uns den steinigen Weg entlanggeführt. Aber Billys Rolle war entscheidend und sein Einfluss unermesslich. Er war nicht nur Frasers Freund, sondern eben das, was Fraser von Anfang an gesagt hatte: sein *allerbester* Freund.

Vom ersten Augenblick an hatte die Freundschaft der beiden etwas beinahe Übernatürliches gehabt. Billy vermochte in Frasers Universum einzutreten, ein Ort, der für alle anderen unzugänglich war. Dadurch war Fraser nicht mehr so allein in seiner Welt; mehr noch, Billy hatte Fraser ermutigt, aus sich herauszukommen und an unserer Welt teilzuhaben.

Jeder Fortschritt für sich genommen war ein kleiner Mosaikstein: dass Billy Fraser beruhigte, wenn er aufgeregt war, dass er ihn zum Laufen und Treppensteigen ermutigte, ihn zum Vorlesen anregte und sogar das Töpfchentraining unterstützte. Aber zusammengenommen war es ein Wunder, zumindest in meinen Augen. Für mich war er die Rettungskatze, die meinen Sohn ins Leben geholt hatte. Ohne ihn wären wir niemals da, wo wir nun standen. Und das war vor allem deshalb beeindruckend, weil Fraser es ebenfalls spürte. Und auf seine eigene, individuelle Weise sagte er es auch.

Wenige Tage nach dem Gespräch vor der Schule nutzte ich die Ruhe, um alte Papiere durchzugehen, die sich im Laufe der Jahre angesammelt hatten.

Darunter waren Briefe und seitenlange Berichte von Ärzten und Therapeuten, Gutachten von Kindergärten und Schulen. Um so viel Papier herzustellen, hatte vermutlich ein kleiner Wald herhalten müssen.

Zwischen Briefen von Behörden stieß ich auf das alte Tagebuch aus seinem ersten Kindergarten. Ich konnte nicht widerstehen und setzte mich an den Tisch. Beim Durchblättern stiegen bittersüße Erinnerungen hoch. Einige der Kommentare brachten mich zum Lächeln, andere zum Kopfschütteln. Und dann stieß ich auf einen Eintrag, der etwas mehr als ein Jahr zurücklag und mich zum Weinen brachte.

Am Ende jedes Kindergartentages setzten sich die Kleinen in einen Kreis auf den Boden, und es wurde vorgelesen, erzählt oder geplaudert. Anfangs weigerte sich Fraser, daran teilzunehmen, aber allmählich hatte sich das geändert. In dem Tagebuch fanden sich Eintragungen, was er zu diesen »Nachmittagskreisen«, wie es genannt wurde, beigetragen hatte.

An jenem Tag hatten die Kinder Geschenke für den Muttertag am darauffolgenden Sonntag gebastelt. Mit Hilfe einer Erzieherin hatte Fraser eine süße Karte mit einem Foto von mir gemacht. Beim Nachmittagskreis saßen die Kinder im Schneidersitz, und jedes sagte, was an seiner Mutter Besonderes sei.

Ich stellte mir vor, wie die Kleinen mit wichtiger Miene verkündeten, dass ihre Mummy toll Geschichten erzählen oder Geburtstagskuchen backen kann. Als Fraser an der Reihe war, kam eine für ihn typische, kurze Antwort. »Meine Mummy hat mir Billy geschenkt«, hatte er der Gruppe erzählt.

Das sagte alles. Ich habe ihm Billy geschenkt. Und darüber bin ich unendlich froh.

Danksagung

Ich schulde so vielen Menschen Dank, nicht nur für dieses Buch, sondern auch für ihre Unterstützung während der schwierigen Jahre, die hinter uns liegen.

Mum und Dad, nach fünfzig Ehejahren seid ihr für mich das beste Beispiel, dass eine liebevolle Beziehung alle Schwierigkeiten überwinden kann. Mum, du hast mich den Glauben daran gelehrt, dass alles möglich ist, wenn man sich nur genügend anstrengt … und du hattest recht!

Mirabel und John, auch in schwierigen Zeiten seid ihr für Fraser da, und er genießt die Stunden, die er mit euch verbringt.

Mir wurde das Glück zuteil, Menschen zu begegnen, die mich inspirierten und die uns halfen, unseren kleinen Jungen großzuziehen.

In der Ballater Health Clinic: Jayne Mackenzie, Dr. Moira Collins und Dr. Douglas Glass.

Im Raeden Centre, Aberdeen: die Mitarbeiter und Dr. A. Stephen.

Vom Stonehaven Child Development Team: Dr. Ai Lin Lee, Dr. Jane McCance, Linda Collyer, Marie O'Gorman, Kaye Cumming, Lindsey Kelly und Helen Singleton.

Orthopädie: Lynne McEwan.

Schulpsychologie: Elayne Steele und Stuart Bull.

Im Rose Lodge Kindergarten Ballater: Ein großes Dankeschön den Erzieherinnen, die Fraser geholfen haben, sich in die Gruppe zu integrieren und sich aufmerksam um ihn gekümmert haben. Ihr wart alle sehr wichtig für uns, und Worte können unserem Dank gar nicht angemessen Ausdruck verleihen: Cath, Emma, Laura, Joanna und Charlotte.

In der Grundschule von Crathie: Lillian Field, Alison McCrory, Les Roberts, Susan Boyd, Duncan Woods und Maggie Skene – danke für die wundervolle Arbeit, die ihr bisher bei Fraser geleistet habt, eure unerschöpflichen Ideen im Umgang mit ihm, die ich gar nicht genug bewundern kann, genauso wie euer Verständnis für seine besonderen Bedürfnisse beim Lernen.

Auf Balmoral: Ich möchte dem Verwalter vom Balmoral Estate, Richard Gledson, für seine unermüdliche Unterstützung und sein Verständnis für Frasers ständig wechselnde Bedürfnisse danken. Sie haben uns als Familie sehr geholfen.

Dieses Buch zu schreiben war ein Abenteuer, das ich nie für möglich gehalten hatte. Ich bedanke mich bei vielen Menschen für ihre Unterstützung.

Bei Aitken Alexander: Besonderer Dank gilt meiner Agentin Mary Pachnos sowie Sally Riley und dem Team für Lizenzen, die sich meiner angenommen haben und für meine Geschichte eingetreten sind. Sie haben uns geholfen, dass »The Mary« – hoffentlich – eines

Tages Realität wird. (Sie wissen, was damit gemeint ist …)

Bei Hodder & Stoughton: Ich habe mich gefreut, Rowena Webb, Emma Knight, Bea Long und Emily Robertson kennenzulernen und mit ihnen zu arbeiten. Vielen Dank auch Ciara Foley für ihr ausgezeichnetes Lektorat meines Manuskripts.

Wendy Holden

Echte Freunde

Haatchi und Owen – ein unschlagbares Team

Ein kleiner Junge und ein großer Hund haben schon auf bittere Weise die Schattenseiten im Leben kennengelernt. Während der eine unter einer seltenen Krankheit leidet, wurde der andere durch Fahrlässigkeit stark verletzt und verlor ein Bein. Beide kennen das Gefühl, ausgestoßen zu sein und nicht dazuzugehören, für beide ist jeder Tag ein Kampf. Erst ihre Freundschaft schenkt ihnen das Vertrauen in sich und die anderen, und so entdecken beide das große Glück, nicht allein zu sein.